Les Anges Révélés

Une Perspective Soufie

Deuxieme Edition

Cheikh Mouhammad Hicham Kabbani

Par les vents qui éparpillent!
Par les porteurs de fardeaux!
Par les glisseurs agiles!
Par les distributeurs selon un commandement!
Ce qui vous est promis est certainement vrai. (51:1-5)

Les Anges Révélés

Une Perspective Soufie

Deuxième Edition

Cheikh Mouhammad Hicham Kabbani

Préface par Sachiko Murata

Traduit de l'anglais par Aminata Sy

L'Institut pour le Progres Spirituel et Culturel

ISBN: 978-1-938058-33-2
Ce livre a été publié en tant que *Angels Unveiled: A Sufi Perspective*.
© Droit d'auteur 2009 par Shaykh Muhammad Hisham Kabbani.
Tous droits réservés. Aucune partie de ce livre ne peut être reproduite, mise en mémoire par le biais d'un système de récupération, transmise sous aucune forme ou par quelque procédé que se soit, électronique ou mécanique y compris par des photocopies et par tout autre moyen, sans la permission expresse de l'auteur, Shaykh Muhammad Hisham Kabbani.

Conception de la couverture et les illustrations par:
Rukkiah Tonette Sazonoff

Library of Congress Cataloging-in-Publication Data
Kabbani, Shaykh Mouhammad Hisham.
Angels unveiled: A Sufi Perspective

Références bibliographiques inclues.
1. Sufism. 2. Islamic Belief. I. Kabbani, Shaykh Mouhammad Hisham. II. Title.
BP1898.N38   1995
297'.4--dc20
ISBN 1-56744-514-4

96161283

**Publié et distribué par:
L'Institut Pour Le Progres Spirituel et Culturel** (Institute for Spiritual and Cultural Advancement)
17195 Silver Parkway, #401
Fenton, MI 48430 USA
Tel: (888) 278-6624
Fax: (810) 815-0518
Email: staff@naqshbandi.org
Web: www.naqshbandi.org

Ce livre est aussi disponible sur Internet au: www.isn1.net

*A mon Maître,
Cheikh Mouhammad Nazim Adil al-Qoubrusi
an-Naqshbandi al-Haqqani
Et à sa fille,
Ma femme Naziha*

Table des Matières

Exordium ix
Préface xii
Avis Au Lecteur xvi
Remerciements xviii
Introduction 19
   Qui Sont les Anges? 21
   La Croyance en l'Existence des Anges 38
   Les Anges du Trône 44
   Les Quatre Archanges Préservateurs de la Terre 50
   L'Ange qui Porte la Baleine Soutenant la Création 54
   Les Anges-Soldats 58
Première Partie: Le Passé 62
   Les Anges, Adam et Eve 64
   La Lumière Angélique de Noé 72
   Les Honorables Hôtes d'Abraham 76
   La Beauté Angélique de Joseph 84
   La Baleine Angélique de Jonas 90
   Marie et les Anges de la Virginité 96
   Le Voyage Nocturne et l'Ascension du Prophète Mouhammad 104
Deuxième Partie: Le Present 144
   A la Découverte de la Contrée des Anges 146
   L'Esprit 152
   Les Miracles Angéliques 156
   Les Anges Qui Chantent dans les Cieux 172
   Les Anges-Guides de la Sûreté 178
   Zahra et les Anges de la Magie 188
   Ourwa et l'Ange de la Consolation 194
   Un Saint et l'Archange Michaël 198
   Un Saint, et les Anges des feuilles d'arbres, des rêves et prémonitions, de la tombée de la nuit et du lever du jour 208
   Les Anges – un Saint et le Parler en Langues 214
Troisième Partie: L'Avenir 214
   Israfil, l'Archange de la Trompe Retentissante 219
   Les Anges de la Miséricorde et de la Colère Divine 226

Gabriel, L'Archange Serviteur 230
Les Anges et l'Energie Matérielle 236
L'Archange 'Azra'il et les autres Anges de la Mort 240
Les Anges de la Tombe 250
Les Anges Qui Apporteront la Paix aux Jours Derniers 256
Conclusion 260
Sources 272

Au Sujet de l'Auteur

L'auteur, lors d'une conférence à Séville-Espagne

Cheikh Kabbani est un savant reconnu dans le domaine de la Loi islamique traditionnelle ainsi que dans la Science spirituelle Soufie. Il est issu d'une famille respectée de savants islamiques traditionnels, notamment constituée du fondateur de l'Association des Savants Musulmans du Liban, et du grand mufti actuel au Liban (la plus haute autorité religieuse islamique).

Cheikh Kabbani possède une excellente formation dans le domaine scientifique et dans celui de la science islamique classique. Il est autorisé, sous la tutelle de Cheikh Abd Allah

Daghestani et celle de Cheikh Mouhammad Nazim Adil al-Qubrusi al-Haqqani an-Naqshbandi, le chef spirituel de l'Ordre Soufi Naqshbandi, à guider les disciples vers l'Amour de Dieu, ainsi qu'aux degrés qui leur sont destinés par leur Créateur.

Aux Etats-Unis, Cheikh Kabbani officie en tant que Président de l'*Islamic Supreme Council of America*. Il est par ailleurs fondateur du *Naqshbandi Sufi Order of America*, ainsi que Conseiller auprès du *World Organization for Resource Development and Education*, et Président d'*As-Sunnah Foundation of America*.

Exordium

Exordium

Quand l'Enfer fut créé,
les cœurs des anges s'envolèrent,
quittant la demeure où ils s'étaient établis.
Quand les êtres humains furent créés,
ces cœurs s'en retournèrent à leur place initiale.

Toutes les louanges sont à Dieu, Qui nous a inspirés par les signes merveilleux de Sa création, et nous a accordés la vertu de Sa connaissance et de Son amour en nous envoyant Ses Messagers, nous a montré Ses vérités, dans ce qui est manifeste et ce qui est caché. Loué soit Dieu qui nous a permis de scruter Ses trésors cachés, Qui s'est paré Lui-Même de Ses divins attributs avant que les langues ne fussent, et Qui est Lui seul dans les stations les plus hautement supérieures de Beauté et de Majesté, vers où les chercheurs sont attirés, et qu'ils espèrent atteindre. Là, les amants chantent et dansent dans Son souvenir, consumés par un amour brûlant; Là, les serviteurs sincères ne recherchent que Son plaisir en Messagers de Sa divine présence. Il est le Premier adoré, et il n'y a pas de commencement. Il est l'Eternel, sans fin. Il est le Roi Qui seul crée et invente. Il est le Possesseur et le Régent de Son royaume visible et invisible, des anges et des êtres humains. Il est le Maître Qui ne ressemble à personne, de tout temps imploré et qui n'a nul besoin. Rien ne peut Le contenir, et Il contient toute chose. Il est Celui Qui subsiste par Lui-Même, Il sustente les sept terres et les sept cieux, et tous les univers de Son pouvoir. Il est unique dans Ses parfaits attributs. Il est le Vivant, l'Eternel, Dont l'existence ne connaît aucune fin. Il est le Connaissant de Son immémoriale connaissance. Il est le Virtuose pour toute création, le Tout-

Englobant des connaissances cachées et manifestes. Il est le Témoin de Sa propre Unicité devant Lui. Il est Celui qui entend tout, sans nulle nécessité d'écoute. Il est Celui qui voit tout, sans nulle nécessité de vision. Le Vigilant Qui n'ignore rien de ce qui concerne Ses anges et Ses serviteurs. Il est le Préservateur Qui n'oublie jamais, le Gardien de Sa création, le Tout-Puissant Qui a amené une création infinie à l'existence. Il est le Pourvoyeur de tout, sans nul besoin qu'il Lui soit demandé. Il est la Lumière des lumières par laquelle les cœurs de Ses croyants sont illuminés. Son royaume ne diminue en rien face à Sa générosité, tel un océan sans fin dont les vagues obstinées se brisent sur le rivage.

Préface

Préface

L'Islam en tant que religion ne saurait être appréhendé sans la question des anges. Le mot arabe pour ange est *malak*, ce qui signifie messager car, conformément à la foi et à la tradition islamique, Dieu a confié à Ses anges une multitude de messages divins, dans le sens le plus large. A travers ces «messages», Il met Ses œuvres à exécution. Par exemple, il est rapporté qu'un ange accompagne chaque goutte de pluie, et que sept anges sont nécessaires à la croissance d'une feuille d'arbre. Depuis le tout début de la création des êtres humains, et même longtemps auparavant, les anges ont joué des rôles importants dans l'univers. Quand Dieu a décidé de créer Adam, Il donna l'ordre à un certain ange de rapporter une poignée de terre de la planète, alors Il la pétrit et la façonna de Ses propres mains. Après que Dieu ait donné vie à l'argile adamique en soufflant à l'intérieur, Il commanda aux anges de se prosterner devant Adam. Dieu procure la directive aux gens toute leur vie en ce monde, à travers les messages prophétiques, lesquels ont été transmis aux prophètes par les anges. C'est ainsi que l'Archange Gabriel fut envoyé à Marie avec le verbe de Dieu, Jésus, et il fut également envoyé au Prophète Mouhammad, avec le Coran. Et aussi bien que Gabriel fut celui qui apporta la Parole de Dieu à Mouhammad sur terre, il fut aussi son guide lors du voyage nocturne de l'ascension (*miraj*) qui le mena à Dieu.

Ces enseignements suggèrent avec pertinence que les anges représentent le moyen par lequel Dieu révèle le cadre théorique d'une vie saine et entière, et cela met aussi en exergue le procédé par lequel Il assure la lumineuse et intime directive qui est la Sienne, à travers laquelle les êtres peuvent avancer vers Lui dans les «voyages nocturnes» qui leur sont propres et uniques à chacun. Quand une personne atteint la fin de la vie qui lui est allouée, Dieu envoie Azrail, l'Ange de la Mort, prendre son âme. Une fois dans sa tombe, elle est visitée par deux anges, *Mounkar* et *Nakir*, qui l'interrogent sur ses croyances et ses actions sur terre. Durant toute la vie terrestre d'une personne, deux anges lui sont assignés ayant pour mission d'enregistrer la moindre conduite de sa part, et les parchemins sur lesquels ils écrivent demeurent les archives les plus déterminantes au jour du Jugement Dernier.

Il est dit que les anges sont créés de lumière, les êtres humains d'eau et de terre, et les *jinn* de feu. L'esprit des Hommes *(rouh)* est un souffle divin insufflé dans le corps, donnant ainsi vie à l'eau et à la terre. Sur la base des enseignements cosmologiques islamiques, un être humain est constitué d'esprit, d'âme, de corps, de lumière, de feu et d'argile. L'esprit est lumineux, c'est une substance intelligible semblable aux anges, de fait, nous pouvons affirmer que tous les êtres humains portent en leur propre sein une nature angélique. L'âme est la synthèse absolue des facultés humaines qui se situent entre la lumière et l'obscurité, ou entre le corps et l'esprit et ce domaine est celui du «feu» duquel les *jinn* sont créés. Ceci nous permet de mieux comprendre pourquoi le Prophète a dit que Satan, qui est un *jinn* démoniaque, coule dans le sang de chaque humain.

La confession de foi dans l'Islam débute par l'affirmation du *tawhid*, l'Unité de Dieu. Toutefois, les formules coraniques définissant la foi ne se limitent pas seulement à celle en Dieu et en Son unité, mais a aussi trait aux anges de Dieu, Ses prophètes, Ses livres, au Jour Dernier, et la prédestination du bien et du mal. La foi ne peut dès lors être celle de l'Islam à partir du moment où il n'est pris aucun compte des anges. Et tout ceci a plus à voir avec le fait que, du point de vue de la cosmologie islamique et des savoirs psychologiques, les êtres humains ne peuvent l'être en définitive que s'ils décident d'être véritablement à la hauteur de leur propre nature angélique, c'est-à-dire de cet éclatant souffle divin qui fut insufflé dans leur corps d'argile, après que Dieu Lui-Même l'ait modelé et façonné.

Les Anges Révélés est un ouvrage plus que bienvenu. Il fournit bien des récits issus de la tradition islamique sur les anges, dans un langage simple et merveilleux, qui sera apprécié de tous. Et, comme le dit Cheikh Hisham Kabbani, les anges apportent l'espoir aux croyants. Le monde angélique de lumière est le passé, le présent et le futur de chaque être humain. Avoir espoir dans le futur est quelque chose de profondément enraciné dans la connaissance du passé, laquelle n'est possible qu'en cet instant présent. Vivre chaque moment de la meilleure manière fait partie de la quête entamée par tous les aspirants spirituels. Les différents aspects du règne angélique décris dans ce livre sont un don inestimable pour tous ceux qui s'intéressent à la vie de l'esprit, qu'ils soient Musulmans ou pas. Et les efforts de Cheikh Hisham seront très appréciés, et pas uniquement de ceux qui liront cet ouvrage, mais aussi de tous les autres à qui un espoir sera rendu en entendant ces histoires.

Sachiko Murata
Mt.Sinai, NY
Août, 1995

Avis Au Lecteur

Noble lecteur, accepte la traditionnelle salutation de paix qui a été de tout temps en usage auprès des êtres spirituels dans les quatre coins du monde: *as-salamou alaykoum*.

Je suis très heureux de constater l'intérêt grandissant et généralisé au sein de la société, pour ces phénomènes que l'on nomme communément «anges». J'y vois là un signe d'éveil et de foi pour le vaste monde invisible qui nous entoure, mais aussi l'éclosion d'une soif profonde de dépasser les limites de nos sens spirituels, afin de réaliser le potentiel inexploré ancré en chacun d'entre nous.

C'est certain: les anges existent. Ils ont leur propre place dans le cosmos au milieu des myriades de serviteurs innombrables de notre Créateur; et ils jouent un rôle spécifique dans le plan divin.

Depuis l'apparition des Hommes sur cette terre, il a existé parmi nous des êtres possédant un don des plus rares et des plus précieux : la faculté de pénétrer certains mystères de ce subtil univers, et d'en saisir le sens; ils sont revenus de leurs expériences, apportant avec eux des perles de sagesse, pour nous les offrir. Ces hommes et ces femmes sont des vertueux, des personnes saintes. Ils sont connus dans chaque culture, chaque civilisation, et le cœur de tout chercheur n'aspire qu'à en rencontrer un seul.

De privilège et d'honneur, j'en ai connu des plus extrêmes car au-delà de la rencontre, il m'a été donné d'accompagner deux maîtres véritables, deux grands saints de la tradition mystique islamique de l'Ordre Soufi Naqshbandi: Cheikh Abdullah al-Daghestani d'Asie Centrale et Cheikh Mouhammad Nazim al-

Haqqani de Chypre, que Dieu sanctifie leurs âmes bénies et les élève aux rangs les plus hauts et plus élevés de connaissance et de sagesse.

Après de nombreuses années d'encadrement formatif et rigoureux, ils ont déversé dans mon cœur d'un peu de leur immense savoir et sagesse. C'est donc d'un vœu des plus sincères que j'aimerai partager avec vous un peu de cette expérience et un peu également des magnifiques amas de sagesse du royaume des anges contenus dans la tradition Soufie. J'espère que vous trouverez que l'aventure en vaut la peine, et que vous, cher lecteur, y puiserez la force de continuer votre voyage.

Cheikh Mouhammad Hisham Kabbani.

Remerciements

Ma plus profonde gratitude va au Dr Gabriel Haddad pour son véritable dévouement ; au Dr Laleh Bakthiar et à Liaquat Ali, ainsi qu'à beaucoup d'autres parmi les disciples de l'Ordre Soufi Naqshbandi Plus Distingué.

Introduction

Qui Sont les Anges?

Les anges sont l'espoir de l'humanité. Ils sont la source de lumière. Ils sont l'énergie créatrice. Ils sont des flambeaux pour chaque aspirant, ils sont l'oasis dans le désert, les vagues au sein des océans, la source de toute rivière, le cristal de chaque diamant. Ils sont la rosée céleste sur chaque feuille. Ils sont la force motrice au sein de cellule vivante d'une goutte de sang de chaque espèce vivante. Ils sont la force dynamique des galaxies et des constellations. Ils sont les étoiles, et ils sont les soleils. Ils sont les lunes de chaque firmament. Les univers nagent dans leurs orbites. Ils sont les dynamiques connues de toutes les Traditions, de toutes les Croyances, et de toutes les philosophies.

Il est universellement admis à travers ces sources que Dieu a créé les anges pour accomplir Ses ordres et transmettre Son message s'adressant à l'Humanité. Les anges sont honorés, ce sont des êtres subtils créés de lumière au service de leur Seigneur. Ils illustrent parfaitement les qualités de perfection, d'obéissance et de dévotion. Ils peuvent prendre la forme qu'ils désirent à tout moment, et où qu'ils soient. Ils possèdent d'infinis pouvoirs miraculeux, grâce auxquels ils sont capables d'atteindre n'importe quelle créature en l'espace d'un clin d'œil, pour lui apporter secours et assistance, la guérir, la consoler, l'aimer, et en être aimé en retour.

Les anges prennent la forme qui leur sied dans le monde physique. Et, si l'eau cristalline se moule dans la forme de son contenant, les anges sont aussi capables d'adopter celle des créatures qu'ils visitent. Ils ne conservent pas leur forme originelle lumineuse lorsqu'ils sont envoyés auprès du genre humain:

Dis: «S'il y avait sur terre des Anges marchant tranquillement, Nous aurions certes fait descendre sur eux du ciel un Ange-Messager.» (Sourat al-Isra,17:95)

Les anges apparaissent tantôt sous la forme d'oiseaux, ou d'êtres humains, et sont aussi perçus comme une lumière ornant le ciel: un arc-en-ciel, par exemple. Ils possèdent cœur et esprit, mais n'ont pas de volonté propre ni de désirs personnels autre que ceux de servir et d'obéir à Dieu car dépouillés de tout orgueil.

Les anges glorifient leur Seigneur jour et nuit, sans jamais s'épuiser. Ils n'éprouvent nulle envie de sommeil, car leurs yeux ne se lassent pas. Ils ne connaissent nulle distraction, et leur attention ne faiblit pas non plus. La louange à Dieu est leur subsistance, Sa sanctification et Son Exaltation, leur boisson. Et, c'est dans l'hymne au Seigneur dont ils chantent les Louanges qu'ils trouvent leur intimité. Et, c'est dans Son service qu'ils trouvent leur jouissance. Ils sont dépourvus de toutes entraves physiologiques et ne pâtissent d'aucun changement d'humeur.

Les anges séjournent au Paradis et dans les sept cieux. Leur dévotion est bien plus grande que celle des êtres humains, car ils sont apparus avant eux et leurs capacités sont sans commune mesure. Ils sont également plus pieux que les Hommes, de par leur innocence et leur incapacité à faire du mal ou à commettre une quelconque faute. Ils ne demandent jamais pardon pour eux-mêmes, mais toujours pour l'Humanité: voyez à quel point ils se soucient de nous et combien ils furent créés pour prendre soin de nous. Dieu a fait d'eux nos gardiens, car un gardien est meilleur que celui qu'il protège.

La Connaissance Intellectuelle

Les anges sont également plus savants que les humains, l'enseignant domine évidemment l'élève, et leur connaissance est de deux sortes: intellectuelle et traditionnelle. Ici, «intellectuelle» renvoie à «l'essence de la réalité» ou au «cœur». Et «traditionnelle» signifie «révélée, et transmise, du haut vers le bas.»

La connaissance intellectuelle est de rigueur, c'est celle qui concerne Dieu et Ses Attributs, par exemple. Il est inenvisageable pour les anges, les prophètes, et les pieux de la négliger. Ils ne peuvent l'ignorer, et n'ont, en ce sens, aucune excuse. La connaissance non obligatoire est celle qui concerne le miracle de la Création: savoir comment Dieu a créé le Trône, la Plume, le Paradis, l'Enfer ou les Cieux. De plus, cela concerne également la connaissance des différents types d'anges, d'êtres et de créatures vivant sur terre, sous la terre, dans l'air, et dans les océans. Et, la raison en est que les anges furent créés longtemps avant eux tous, car ils ont en effet accompagné le processus intégral de création des univers, comme celui de l'Humanité. Un tel savoir n'est accessible qu'à ceux qui ont purifié leur cœur et leur vision, parmi les Hommes.

La Connaissance Traditionnelle

Quant à la connaissance traditionnelle, c'est celle prophétique qui ne peut être connue des êtres humains que par la révélation. Seuls les anges ont la faculté de la transmettre à l'Humanité: et à cet égard, ils ont été les intermédiaires entre Dieu et Sa création. En outre, il est probable qu'ils soient également de constants émissaires: ceux des évènements du Jour Dernier, mais aussi du passé jusqu'au Dernier Prophète Mouhammad, à nos jours. Ils sont parfaitement informés des traditions qui les concernent tout particulièrement, et de celles qui leur furent confiées par Dieu. Pour cette raison, les anges possèdent une science des plus élevées, comparée à celle des Hommes; ils portent en eux six attributs de perfection distincts.

- ❖ Ils sont les messagers issus de la présence divine;
- ❖ Ils font preuve de noblesse à la vue de Dieu;
- ❖ Ils sont dotés par Dieu d'une d'obédience pure;
- ❖ Ils sont tenus en haute estime, et demeurent solidement établis en la Présence Divine ;
- ❖ Ils sont obéis dans le monde terrestre;
- ❖ Et, ils sont dignes de confiance lorsqu'il s'agit de recevoir, de préserver, et de délivrer la révélation.

La Perfection Humaine

La condition ultime des hommes ne saurait être achevée, sans aucun doute possible, que lorsqu'ils auront intégré le pouvoir angélique. Et, par la permission de Dieu, les anges gardent le monopole de cette puissance supérieure qui illumine celui ou celle qui entre en contact avec elle. Par conséquent, la perfection de l'Homme dépend du potentiel qu'à son âme à s'annihiler dans le creuset des anges. L'issue d'un tel processus est décrite dans le verset côranique:

«Ô toi, âme apaisée, retourne vers ton Seigneur, satisfaite et agréée; entre donc parmi Mes serviteurs (anges), et entre dans Mon Paradis.» (Surat al-Fajr, 89:27-30)

Conformément à ce verset, Dieu invite l'âme à pénétrer d'abord l'assemblée des anges puis le Paradis, car avant d'intégrer ce dernier, il lui faut recevoir leurs confidences et leurs salutations afin d'y être accueillie parée de leurs attributs. Et Dieu fait de ces esprits des messagers pour Sa création éternelle ; ils ont obtenu la faveur et la joie d'habiter le Paradis, et de jouir de la vision de leur Seigneur. C'est donc une nécessité voulue par Dieu, que celle de recevoir le salut des anges, pour les esprits qui entrent dans la dimension du pouvoir angélique. Le but étant de les hisser à une station supérieure, laquelle engendrera une félicité des plus grandes. Ainsi, sans la céleste participation des anges, l'esprit ne peut atteindre le bonheur éternel.

La contribution des anges au bien-être des êtres humains résulte de leur état de perfection. En effet, les anges sont dénués de toute colère, d'illusion, d'imagination et d'irrationalité. Cette caractéristique leur permet de se tenir en présence divine et dans la lumière de Dieu, contrairement aux Hommes chez qui elle est absente, et parce que la perfection ne se manifeste que lorsque l'on parvient à Dieu, seuls les anges sont véritablement perçus comme ayant l'attribut de perfection parmi les êtres créés.

La Dimension Spirituelle des Anges

L'ange est une sublime luminescence, il possède une dimension spirituelle faite de différents aspects, et sa connaissance est entière et parfaite, ceci car il connaît le mystère de l'invisible en plus d'être instruit des secrets cachés de la création. Son savoir est réel, actif et continu. Quant à l'action de l'ange, elle est sincère et authentique car il s'est engagé à servir, et l'assume parfaitement.

Les anges influent sur tout élément de la nature qu'elle soit spécifiquement humaine ou non. Rien ne pousse sur cette terre, que ce soit les arbres, l'herbe, la végétation ou toute forme de vie, sans l'intervention angélique. Vous verrez la puissance des anges dans la croissance d'une plante fragile et minuscule, qui s'est formée en plein milieu d'un énorme roc! C'est un pouvoir exceptionnel que celui qui s'est répandu sur cette plante, un pouvoir venu d'en haut. Un pouvoir essentiellement angélique.

Dieu, par Sa volonté, accorde aux anges d'être la force dynamique derrière toute action et tout mouvement du royaume physique dans l'univers. Ils ont la possibilité de modifier l'orbite des étoiles et des planètes, de préciser le mouvement des galaxies, et de protéger la terre des déplacements des matières astrales, comme les comètes et les astéroïdes. Ils n'en ressentent aucunement la charge puisqu'ils ne sont assujettis à aucune gravité. Ils peuvent aussi se mouvoir les vents dans n'importe quelle direction, et les tremblements de terre ne se manifestent que sous leurs commandements. Les volcans entrent en éruption à leur contact, et les continents dans leur ensemble émergent des océans ou sont submergés par ces derniers, tout cela sous leur empire.

Les anges vivent dans les sept planètes qui se déplacent constamment, au sein de l'étoile polaire et dans toutes les autres étoiles fixes de chacune des galaxies existantes. Les orbites s'apparentent à leurs corps, et leurs cœurs aux planètes. Et, le mouvement de ces planètes dans leurs orbites est le principe de base de toutes les variations survenant sur la terre. Le déplacement des anges au sein de l'univers a une influence sur l'état des êtres humains car, par Ordre Divin, la liaison est faite entre toutes les fluctuations des galaxies. La transmission de signaux distants de millions d'années lumières modifie la condition de la nature humaine, de fait le monde céleste exercera toujours une emprise sur le monde terrestre.

Toute chose repose sur un système hiérarchique et toute chose est connectée à ce qui est au-dessus d'elle. L'Homme avance en regardant toujours devant lui, jamais derrière lui : il

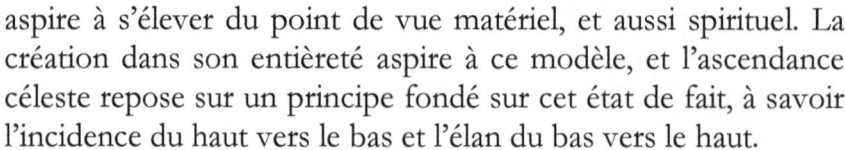

aspire à s'élever du point de vue matériel, et aussi spirituel. La création dans son entièreté aspire à ce modèle, et l'ascendance céleste repose sur un principe fondé sur cet état de fait, à savoir l'incidence du haut vers le bas et l'élan du bas vers le haut.

La Lumière Angélique

Dieu créa le soleil, à partir de la lumière angélique et dévoila ainsi au monde toute sa matérialité, laquelle se trouvait auparavant enfouie dans l'obscurité car, sans l'éclat du soleil, rien ne serait visible. De là naquit l'alternance du jour et de la nuit, et depuis le soleil brille toujours, car sa lumière jamais ne s'éteint et comme la terre tourne autour de son axe, le changement est ressenti de part et d'autre : le jour laisse place à la nuit, et inversement. De la même manière, la lumineuse puissance des anges se reflète éternellement sur la terre. Toutefois, la perpétuelle révolution intérieure des Hommes centrée sur leurs désirs crée le jour et la nuit dans leur cœur, c'est-à-dire qu'une partie brille tandis que l'autre demeure dans l'obscurité : la lune ne dispose pas d'une brillance qui lui est propre, car elle la prend du soleil.

Ce dernier luit de façon continue, et se reflète, tel un miroir, sur la lune qui dès lors nous apparaît comme une matière éclatante. C'est pareil pour l'être humain, qui bien qu'il soit marqué du pouvoir angélique, s'enténèbre lui-même dans l'oppression exercée par son ego. Mais, toujours est-il que cette lumière de source angélique est encline à briller au point que son éclat soit plus éblouissant que celui de la lune. De façon similaire, pour chaque orbite existant, que ce soit dans les cieux, les galaxies, les planètes, et les Paradis, Dieu a placé et organisé une création spécifique. C'est un effet de miroir : ils réfléchissent ainsi la lumière des anges qui sont en présence divine. Ces phénomènes célestes propagent, au profit de tous les êtres créés, la splendeur angélique consacrée à la création. Cette lumière est assujettie (*moussakkhara*) à tout besoin de la création c'est-à-dire assouvir tout besoin de la création. Cette lumière est la source de tout pouvoir angélique dans son absolu : elle est, en effet, l'essence de l'infinie bonté et fait prospérer tous les espaces.

En la présence divine, les anges, dans un mouvement incessant, déplacent leurs lumières à l'intérieur et à l'extérieur des orbites que Dieu a créés, et qu'ils gouvernent respectivement. L'énergie angélique influe sur les orbites et ce qu'ils renferment ; et puisqu'ils réfléchissent les lumières des anges sur terre, nous comprenons leur impact sur les êtres humains: les sentiments, les comportements, les actes et les humeurs ainsi désignés.

Le Manteau Spirituel

Les qualités et les caractéristiques humaines, et celles des autres créatures terrestres, diffèrent selon qu'ils sont plus ou moins éloignés de la source du pouvoir angélique. C'est pourquoi nous observons des disparités parmi les êtres humains, même s'ils sont identiques dans leur nature physique : le degré de connexion avec les anges est à l'origine de cette diversité. Ces différences ne sont pas au niveau de la nature physique mais plutôt au niveau des attributs et particularités spirituels des êtres humains.

L'être humain porte en lui, depuis l'enfance, les caractéristiques de la bonté et de la sainteté, ou celles du malin et des méfaits. Cette image donne une vision très concrète du « manteau spirituel » des êtres humains et de la hiérarchie en rapport : les uns reçoivent une capacité angélique, alors que d'autres non. Et, c'est ce qui rend les uns meilleurs que les autres, tout comme le diamant surpasse l'émeraude, laquelle éclipse le saphir qui, à son tour, est supérieur au rubis. Ces pierres n'en sont pas moins de rares joyaux, toutes précieuses dans leurs différences. Et, elles sont, à leur tour, toutes d'une plus grande valeur que celle de l'or. L'or a plus d'importance que l'argent, dont la qualité dépasse celle du fer. Ce dernier termine en ferraille alors que les autres sont toujours considérés comme des matières remarquables.

La lumière est meilleure à l'obscurité, la clarté est plus admirable que l'opacité, et la subtilité préférable à la lourdeur. L'être éclairé est autrement remarquable que celui qui vit dans les ténèbres. Et, celui ou celle qui est dans la retenue, fait preuve de courage, de générosité, et de patience est un meilleur homme, ou une meilleure femme, que cet autre qui porte en lui la haine, l'inimité, l'obscurantisme, le mal, la cupidité, et la mesquinerie. Toutes les caractéristiques susmentionnées dépendent du degré de proximité, ou du degré d'éloignement, de ceux qui les possèdent vis-à-vis des sources de force angélique.

Ce faisant, dans notre monde ici-bas, et plus précisément chez l'homme, l'esprit est une infime allusion de la perfection du monde supérieur. C'est comme d'évoquer la lumière d'une bougie en rapport à la lumière du soleil, ou une goutte d'eau en rapport à l'océan. La lumière angélique est la source de la lumière spirituelle et matérielle visible sur terre. Nous avons connaissance du soleil au moyens de ses rayons. Et, de la même façon, Dieu nous est rendu manifeste par Sa création des cieux et de la terre. Ces derniers nous sont perceptibles grâce au brillant lustre angélique qui les illumine, par le biais de la révélation et dans leurs expressions les plus diverses. Les ténèbres ne sont jamais aussi présentes en nous, que lorsque la lumière angélique est absente, et la lueur issue de Dieu n'est jamais plus vivante en nous que lorsqu'elle est tirée des anges. L'apparition de toute chose est la résultante de cette lueur, tout comme l'existence de toute chose procède naturellement de son existence. Et, c'est par cette règle que Dieu préserve la création au moyen de la splendeur angélique.

Une autre manière de voir comment l'esprit chez l'Homme désigne le monde céleste, c'est d'utiliser l'analogie de l'éclipse solaire. Si une fraction du soleil est éclipsée, vous pourrez voir celui-ci dans une pleine tasse d'eau. Ainsi, le voile de l'éclipse est l'éclat angélique qui rend possible l'apparition de la source de lumière. Les êtres humains sont eux-mêmes comme des voiles ou des éclipses de la lumière des anges: ils éclipsent celle-ci, laquelle éclipse la lumière de Dieu. Les attributs du Créateur sont ainsi visibles dans Ses merveilleuses créations, et c'est là le sens de la parole du Prophète Mouhammad: *«Méditez sur les créations de Dieu, et non pas sur Son essence.»*

Les esprits peuvent être décris comme des atomes du monde céleste, tandis que leurs corps seraient leurs maisons : ces dernières ont un statut différent de ceux qui les habitent. Il est évident que les habitants sont plus honorables que la maison, car le prestige de celle-ci dépend d'eux.

Chez l'homme, ce souffle divin fait partie intégrante de l'esprit des anges, c'est pour cette raison que l'âme du mort n'entre au Paradis qu'après avoir été d'abord acceptée dans le royaume des anges, comme nous l'avons vu précédemment. Et, de la même manière, l'esprit est qualifié pour recevoir ce qui lui est envoyé par le pouvoir angélique, comme l'antenne satellite qui reçoit des informations à partir de la «station mère».

Plus les hommes et les femmes sont reliés à cette puissance, et plus ils prennent de l'importance pour le reste de l'humanité. Cependant, le corps humain demeure un amalgame spécifique réunissant des éléments très diversifiés. Par contre, le corps angélique n'est fait que de lumière divine. Il faut préciser que cette distinction ne disparaît pas à l'intérieur du monde matériel : les anges aiment à offrir leur soutien spirituel aux âmes habitant les corps physiques des prophètes. Car ces derniers ont su faire de leur matérialité un excellent réceptacle de tous les états gnostiques, dans l'absolu. Ces états leur permettent, en retour, d'être non seulement de véritables flambeaux révélant les faveurs des cieux aux Hommes, mais aussi des émissaires sur terre de la Parole de Dieu. Toutes ces connexités reliant les anges aux prophètes, et les saints aux gens de piété, n'existent que par la volonté et la permission Divine.

La Croyance en l'Existence des Anges

Et un jour Il les rassemblera tous. Puis Il dira aux Anges: «Est-ce vous que ces gens adoraient?» (Surah Saba, 34 :40)

Pourquoi ne lui a-t-on pas lancé des bracelets d'or? Pourquoi les Anges ne l'ont-ils pas accompagné?» (Surat az-Zukhruf, 43:53)

Le mot «ange» est généralement admis du terme latin «*angelus*», emprunté lui-même du grec «*angélos*» (messager). En arabe, on dit «*malak*» ou «*malaak*», et «*malaa'ikat*» au pluriel. La racine arabe du verbe «*alaka*», qui signifie «transmettre un message», met en exergue la connexion étymologique de l'ange avec la fonction de Messager de Dieu dans les langues sémites. L'existence des anges est l'un des piliers de la foi dans la plupart des traditions religieuses, et c'est notamment le cas pour l'Islam. Ils sont cités, dans le Coran, plus de quatre-vingt-dix fois. Ils occupent une place prééminente dans les récits du Prophète Mouhammad, et dans les nombreux commentaires des hommes et des femmes, parmi les saints et les pieux du passé et du présent.

Le Coran dit:

Le Messager a cru en ce qu'on a fait descendre vers lui venant de son Seigneur, et aussi les croyants: tous ont cru en Dieu, en Ses anges, à Ses livres, et en Ses messagers; (en disant): «Nous ne faisons aucune distinction entre Ses messagers.» Et ils ont dit: «Nous avons entendu et obéi. Seigneur, nous implorons Ton pardon. C'est à Toi que sera le retour.» (2:285)

La foi en les anges est donc un ordre Divin, parallèle à celui de la foi en Dieu, en Ses livres et en Ses messagers.

Les Anges du Coran

Mais Dieu témoigne de ce qu'Il a fait descendre vers toi, Il l'a fait en toute connaissance. Et les Anges en témoignent. Et Dieu suffit comme témoin. (4 :166)

Dieu a créé un arbre dans le septième ciel, et sur chaque feuille est inscrite une lettre du Coran. Toute feuille, forgée à partir d'une roche très précieuse, est un trône sur lequel est assis l'ange qui représente «la» lettre en question. Chacun de ces anges est la clé vers d'infinis océans de connaissance, tous différents, et n'ayant ni début ni fin. L'océan de connaissance est un univers à lui seul, possédant sa propre création et celui qui le pénètre est l'Archange Gabriel. C'est lui qui apporta au Prophète les perles de ces océans, lorsqu'il lui apparut et lui dit à trois reprises «Lis!» Et, à ce commandement, trois fois également le Prophète Mouhammad répondit «Que dois-je lire?», et Gabriel annonça :

Lis, au nom de ton Seigneur qui a créé; qui a créé l'homme d'une adhérence. Lis! Ton Seigneur est le Très Noble, qui a enseigné par la plume [le calame]; a enseigné à l'homme ce qu'il ne savait pas. (96:1-5)

A cet instant, l'Archange céda au Prophète deux étoffes provenant des cieux, l'une était décorée de toutes sortes de pierres précieuses que l'on trouve sur terre, et l'autre de matières célestes inestimables. Il étendit la première étoffe, et demanda au Prophète de s'asseoir, puis il lui donna la seconde, et lui dit de l'ouvrir : il reçut alors le Coran en un verbe de lumières, et le mystère de l'arbre qui séjourne au septième ciel lui fut révélé. Quiconque lit le Coran avec sincérité et recueillement est capable de pénétrer ces océans de connaissance et de lumière.

Le Prophète Mouhammad vit alors une tablette constituée de perles d'une grande rareté, sous le Trône de Dieu, et une autre tablette d'émeraudes. Sur la première était gravée le premier chapitre, la *Sourate al-Fatiha*, qui consiste en sept versets et sur la seconde, le Coran dans son intégralité. Il demanda à Gabriel «Quelle est la faveur accordée à celui qui lit L'Ouverture?». L'Archange lui dit «Les sept portes de l'enfer seront verrouillées, et les sept portes du paradis lui seront ouvertes.» Le Prophète ajouta «Quelle est la faveur accordée à celui qui récite tout le Coran?», et Gabriel répliqua «Pour chaque lettre exprimée, Dieu créera un ange qui plantera un arbre à son intention dans les terres du Paradis.» Puis, le Prophète vit une lumière triadique irradiant dans trois directions. Il demanda ce que c'était, et Gabriel répondit «La première est la lumière du Verset du Trône (2:255), la seconde est la *Sourate Ya-Sin* (Chapitre 36), et la troisième est la *Sourate de l'Unicité* (Chapitre 112).» Le Prophète Mouhammad demanda de nouveau «Quelle est la faveur accordée à celui qui récite le Verset du Trône», et Gabriel affirma «Dieu a dit: Ce verset représente Mon attribut, et celui qui le récite Me verra assurément au jour du Jugement Dernier, sans aucun voile.» Le Prophète demanda encore «Quelle est la faveur accordée à celui qui récite la *Sourate Ya-Sin*?», et la réponse émana de Dieu Lui-Même «Elle englobe quatre-vingt versets, et quiconque la récite, recevra alors quatre-vingt grâces. Vingt anges lui adresseront vingt grâces dans sa vie. Vingt autres anges lui apporteront vingt grâces dans sa mort, puis vingt autres encore lui donneront vingt miséricordes dans sa tombe, et les vingt derniers lui transmettront vingt miséricordes au jour du Jugement Dernier.» Le Prophète demanda encore «Quelle est la faveur accordée à celui qui récite le Chapitre de l'Unicité?», et la réponse se fit entendre «Les anges lui donneront à boire des quatre rivières citées dans le Coran: la rivière d'eau du cristal le plus pur, la rivière lactée, la rivière de vin, et la rivière de miel.»

Les Anges de la Torah

> *Et leur prophète leur a dit: «Le signe de son investiture sera que le Coffre va vous revenir; objet de quiétude inspiré par votre Seigneur et contenant les reliques de ce que laissèrent la famille de Moïse et la famille d'Aaron. Les Anges le porteront. Voilà bien un signe pour vous, si vous êtes croyants:» (2 :248)*

Ce verset démontre le pouvoir miraculeux des anges et leur aptitude exceptionnelle à opérer sur le monde physique. Ils ont porté l'Arche de l'Alliance bien avant les armées de Saül, ainsi que les reliques laissées derrière elles par les familles de Moïse et d'Aaron. Les anges veillaient sur l'Arche de l'Alliance car elle était d'une valeur inestimable pour l'humanité. Elle contenait ainsi l'un des livres divins, la Torah, et dans sa forme originelle. Quand Dieu ordonna à Moïse d'écrire la Torah, Il lui dit « Ô Moïse ! Tu dois l'écrire sur des tablettes faites d'or. » Et, quand Moïse demanda où il trouvera un tel métal, Dieu lui envoya l'Archange Gabriel et quatre-vingt-dix-neuf anges. Chacun d'eux représentait un attribut de Dieu, et ils enseignèrent à Moïse cent vingt-quatre mille mots. Chacun de ces mots éleva Moïse d'un degré à chaque fois plus élevé que le précédent, et à chaque niveau il se voyait paré d'une lumière émanant de la présence divine, jusqu'à ce qu'il ait atteint un degré de pureté assimilable à la limpidité d'une eau cristalline. Dès lors, tout être qui tournait son regard vers Moïse ne voyait rien d'autre qu'une lumière éclatante. Alors, Gabriel commanda aux quatre-vingt-dix-neuf anges de le revêtir des attributs, et des facultés, que tous possédaient. Moïse se recouvrit d'un voile, à cause de l'intense lumière qui s'échappait de sa personne, et parce que ceux qui l'apercevaient perdaient aussitôt connaissance. Alors, Gabriel versa la connaissance divine destinée à être consignée dans les tablettes, dans le cœur de Moïse. Il lui apprit la chimie fondamentale de l'or, et Moïse transmis à son tour un tiers de cette science à sa sœur, un autre tiers à Joshua, et le dernier tiers à Aaron. Puis, il écrivit la Torah sur l'or qu'il avait lui-même fabriqué. Et pendant tout ce temps, les anges se tenaient à ses côtés, lui enseignant l'écriture et lui indiquant l'ornement qu'il fallait au céleste ouvrage. Et enfin, Dieu créa un ange doté de quatre ailes et lui donna l'ordre de rester en compagnie de Moïse, et d'être le gardien de l'Arche.

Les Anges du Trône

Et tu verras (Ô Mouhammad) les Anges faisant cercle autour du Trône, célébrant les louanges de leur Seigneur et Le glorifiant. Et il sera jugé entre eux en toute équité, et l'on dira: «Louange à Dieu, Seigneur de l'univers.» (39:75)

Et sur ses côtés [se tiendront] les Anges, tandis que huit, ce jour-là, porteront au-dessus d'eux le Trône de ton Seigneur.» (69:17)

Dieu a créé le Trône divin avec une lumière émanant de Sa Lumière. La grandeur du Trône est telle que celui-ci s'apparente à un immense désert où l'ensemble des sept cieux et des sept terres ne serait qu'un grain de sable. Quand Dieu voulu que l'immensité de Son Trône soit connue, Il créa un ange du nom de Harquaeel, et le dota de dix-huit mille ailes. Et, se réjouissant de cela, l'ange fut soudainement d'avis d'appréhender la taille du Trône céleste, mais Dieu lui dit «Ô Harquaeel, Je sais le but qui est le tiens d'observer Mon Trône divin. Alors voici, Je te fais à nouveau don de dix-huit mille ailes et Je t'accorde la permission de t'envoler autour de Mon Trône, et d'utiliser toutes tes forces.» Harquaeel déploya ses ailes et vola, trois cent mille années lumières durant, jusqu'à épuisement – bien que les anges ne connaissent nulle fatigue – et fut contraint de se reposer. De nouveau, le commandement divin fut entendu « Harquaeel, vole! Continue donc!» Et, une seconde fois, l'ange déploya ses ailes et s'envola, trois cent mille années lumières durant. Et là encore, il s'épuisa et alors, il s'arrêta. Une troisième fois, l'ordre lui fut donné de continuer son envol ; et alors la troisième fois, il déploya ses ailes de nouveau et vola trois cent mille années lumières durant. Puis, il s'arrêta encore, médusé: la colossale distance qu'il avait traversée n'était rien, comparée à celle que ses ailes extraordinaires ne pourraient jamais embrasser.

Harquaeel s'adressa alors à son Seigneur «Ô Toi mon Seigneur et Créateur, dis-moi je T'en prie, combien de fois ai-je tourné autour du Trône?» Le Seigneur des cieux et de la terre, et de toute la création, dit alors «Ô Harquaeel! Tu as volé pendant neuf cent-mille années lumières, mais tu n'as pu atteindre ne serait-ce qu'un seul des piliers soutenant le Trône!» Harquaeel eût immédiatement honte, et se repentit de son désir d'évaluer la grandeur de la création de son Seigneur et d'en retirer, par-là, une connaissance de Son impénétrabilité. Dieu lui dit ensuite «Ô Harquaeel! Si Je t'avais donné l'ordre de voler jusqu'au Jour de la Résurrection, tu ne pourrais toujours pas parvenir à la connaissance que renferme le premier pilier du Trône absolu. Personne ne peut connaître l'inconnaissable, si ce n'est par Ma faveur et par Mon accordance.»

Dieu a créé huit anges pour porter le Trône, ils sont à la fois extrêmement beaux et extrêmement puissants. Chacun possède sept faces (ou sept visages): une devant, une derrière, une à droite, une autre à gauche, une au-dessus et une autre en-dessous. La dernière face est le point central, le cœur qui connecte toutes les autres faces. Elle est la plus rayonnante, et également la plus puissante. Ces sept visages correspondent aux sept cieux et aux sept terres.

A la cour du Tout-Puissant, ces anges ont obtenu le plus grand des honneurs. Ils font partie des premiers anges que Dieu a créés. Le premier des huit anges précités a forme humaine et prie constamment, au nom de l'humanité, disant: «Ô Seigneur! Elargis les provisions de tous les hommes et de toutes les femmes, et veille sur eux par Ta bonté et par Ta grâce.» Le deuxième ange a la forme d'un lion, et sa prière est comme suit «Ô Seigneur! Elargis les provisions de chaque animal de prédation parmi leurs proies.» Le troisième ange a la forme d'un bœuf et il intercède pour tous les animaux domestiques et les bêtes de pâturage. Il prie que leur subsistance ne vient jamais à manquer, et que leurs conditions de vie leur soient facilitées. Le quatrième ange a la forme d'un aigle, il prie pour le bien des oiseaux et de toutes les créatures possédant des ailes. Le cinquième ange a la forme du soleil, et sa lumière irradie sur toute la planète terre. Il prie pour le bien des êtres humains, des animaux, et de la nature et qu'ils soient tous en mesure d'apprécier l'énergie qu'il leur envoi. Le sixième ange a la forme d'un arbre dont les feuilles symbolisent toute chose que Dieu a créée. Il prie pour que ces feuilles continuent de pousser, grâce au nectar des louanges au Seigneur. Le septième ange a la forme d'une constellation et il embrasse tous les univers. Le huitième ange est telle la cité, la source de tous les autres anges. Il se tourne vers Dieu, et il reçoit Sa lumière.

Dieu a posé le Trône majestueux sur les épaules de ces anges: leurs têtes demeurent en-dessous de ce dernier, et leurs pieds touchent une dimension qui est en-deçà des sept terres. Et, bien que les anges jamais ne se lassent, le poids du Trône du Tout-Puissant fini par devenir trop lourd pour eux : ils étaient alors trop fragiles pour le supporter. Dieu leur inspira alors une prière particulière «Gloire à Toi, notre Seigneur, A Toi sont destinés toutes nos louanges! Que Ton Nom soit béni, et Ta Puissance, et Ton Pouvoir! Il n'y a nul autre dieu, si ce n'est Toi.» Et depuis, le poids du Trône s'allégea sur leurs épaules.

Puis, Dieu a commandé à toute l'assemblée céleste des anges de se présenter chaque jour devant les porteurs du Trône, et de leur offrir leurs salutations. Ils accomplissent cette mission du salut divisé en deux équipes: un groupe salut les porteurs du Trône le matin, et le second le soir. Et Dieu leur a enjoint d'implorer le pardon pour toute l'humanité. Leurs larmes sont des fleuves, et de chaque goutte, Dieu crée des anges nouveaux qui Le loueront et imploreront le pardon pour les hommes et les femmes, jusqu'au Jour du Jugement.

Les anges du Trône gardent constamment leur tête inclinée, ceci car ils ne peuvent risquer un regard sans être aussitôt annihilés par la lumière incandescente du Trône divin.

Quand l'ange Harquaeel vit le caractère absolument sublime du Trône et la noblesse de ses porteurs, il récita:

> *Peut-on il seulement soutenir le Tout-Puissant –*
> *Un serviteur saurait peut-être porter une âme et un corps*
> *Mais, qu'en est-il ici: porter le Trône de Dieu –*
> *Qui peut saisir sa Réalité?*
> *Sa vastitude? Quel œil aperçoit le tout?*
> *En aucune façon. Nul œil ne voit. Nul mot ne comprend.*
> *Sauf, quand Dieu dit*
> *«Et, au-delà de Son Trône, est Sa Miséricorde, et Elle est sans limites.»*
> *Au nombre de huit, sont ses piliers*
> *Nul ne connaît un seul d'entre eux, sauf Leur Seigneur, Lui Seul les connait tous.*
> *De droit, Mouhammad, se tient en premier dans l'ordre*
> *Puis Ridwan, Malik, Adam – piliers éclatants*
> *Ils se tiennent d'aplomb, alignés à ses côtés*
> *Et, sur Gabriel, Michael et Israfil*
> *Abraham gouverne.*
> *Huit. Tous voilés dans l'obscurité.*
> *Contemplez donc cette vision :*
> *Ces piliers dressés, demeurent cachés*
> *Dans l'aleph de leur hauteur.*

Les Quatre Archanges Préservateurs de la Terre

Peu s'en faut que les cieux ne se fendent depuis leur faîte quand les Anges glorifient leur Seigneur, célèbrent Ses louanges et implorent le pardon pour ceux qui sont sur la terre. Dieu est certes le Pardonneur le Très-Miséricordieux. (42 :5)

Et que d'Anges dans les cieux dont l'intercession ne sert à rien, sinon qu'après que Dieu l'aura permis, en faveur de qui Il veut et qu'Il agrée. (53 :26)

Un livre cacheté ! Les rapprochés (de Dieu : les Anges) en témoignent. (83 :20-21)

Quatre anges ont la charge d'administrer notre monde, et ils sont renforcés dans leur mission par une escorte innombrable. Il y a tout d'abord Gabriel et son armée, qui commandent les anges-soldats et sont missionnés pour la révélation.

Gabriel assure la victoire et assume la responsabilité de la disparition, ordonnée par la volonté Divine, des peuples du règne humain, animal, végétal. Puis, c'est Michaël et son armée, en charge de la pluie et de la végétation. Il coordonne la subsistance qui nourrira l'humanité. Ensuite, il y a l'ange de la mort Azrail et ses assistants, dont la mission est de saisir les âmes des mourants. En dernier, nous avons Israfil et ses seconds, assignés à l'Heure du Jugement Dernier. Quand la terre rendra son dernier souffle, Dieu leur ordonnera à tous les quatre de présenter leurs parchemins respectifs, et ils les apporteront devant Lui. Dieu les enjoindra alors à ouvrir le Grand Livre de la Vie, ce qu'ils feront.

Et là, ils découvriront que leurs parchemins sont en tous points identiques à celui-ci.

L'Ange qui Porte la Baleine Soutenant la Création

En vérité, dans la création des cieux et de la terre, et dans l'alternance de la nuit et du jour, il y a certes des signes pour les doués d'intelligence, qui, debout, assis, couchés sur leurs côtés, invoquent Dieu et méditent sur a création des cieux et de la terre (disant): «Notre Seigneur! Tu n'as pas créé cela en vain.» (3 :190-191)

Au commencement, le Seigneur Dieu Tout-Puissant créa, de toute Sa majesté, un immense péridot de couleur verte et Lui seul connait sa taille. Puis, le Seigneur ceignit de sa vision ce véritable joyau, et y posa Son regard, insaisissable et éblouissant. Et, consumée par un tel impact, la pierre changea de nature : elle devint liquide, et se mit à ondoyer. Alors, ce joyau se métamorphosa en une mer bouillonnante, de plus en plus ardente, emportée par les remous qui affluaient de ses profondeurs. De plus en plus en ébullition, l'eau se changea progressivement en vapeur. Celle-ci continue, encore aujourd'hui, de s'élever dans les airs. Et, en-dessous de cette vapeur, l'eau a laissé place à une masse extraordinaire, épaisse et coagulée. A partir des couches vaporeuses, le Seigneur des mondes a créé les sept cieux. Et, de ce qui reste de la masse primordiale, Il créa sept strates qu'Il utilisa pour produire les sept terres. La compacité de chacune des couches composant le ciel et la terre était de cinq cent-mille années lumières. Et, pour ce qui est de leur intervalle les unes par rapport aux autres, Dieu seul sait, conformément à Sa Parole:

Ceux qui ont mécru, n'ont-ils pas vu que les cieux et la terre formaient une masse compacte? Ensuite, Nous les avons séparés et fait de l'eau toute chose vivante. Ne croiront-ils donc pas? (21:30)

Après la formation des cieux et de la terre, Dieu créa un ange des plus majestueux. La distance entre ses deux sourcils est de cinq cent-mille années lumières. Il possède deux ailes, toutes deux ornées de constellations sublimes, et qui reflètent tout leur éclat en un feu scintillant sur leurs augustes épaules. Une aile symbolise l'Est, et l'autre représente l'Ouest. L'ange reçut alors l'ordre de courber sa nuque, et avec ses deux bras, il souleva toute la création, d'Est en Ouest. Il porte cette charge, jusqu'à ce que le temps soit venu pour lui de se reposer à l'ombre du Trône divin. C'est là qu'il demeurera alors jusqu'au jour du Jugement Dernier.

Quand l'ange souleva la création, il vit que ses pieds restaient suspendus en plein ciel. Dieu ordonna alors les autres anges de lui apporter, du paradis le plus haut, une pierre de rubis rouge. Cette roche céleste fut alors placée sous les pieds de l'ange, afin qu'il puisse s'y appuyer. Et voilà cette pierre désormais suspendue dans les airs, alors Dieu fait amener un bœuf doté de soixante-dix mille jambes, toutes ancrées au paradis. Il était si énorme, que ses cornes atteignaient le plus élevé de tous les cieux jusqu'aux pieds du Trône de Dieu. Ce bœuf était infiniment plus grand que l'ange qui avait la charge de porter et les cieux, et la terre. Les anges placèrent alors la pierre de rubis entre les cornes de l'animal, là où elle demeura solidement établie… si ce n'est que ses pieds n'avaient plus où se poser. Alors, Dieu façonna un vaisseau en forme de dôme. Sa largeur était de sept cent-mille années lumières, et les anges le posèrent entre les pieds du bœuf: enfin, ce dernier tenait bon. Toutefois, le vaisseau flottait dans l'espace. Et là, par Son pouvoir divin absolu et parfait, Dieu façonna une baleine du nom de Lutia. Puis, Il a ordonné à Ses anges de déposer le vaisseau sur son dos, et les anges ont obéi. Par la volonté Divine, le vaisseau se fixa de manière stable. Maintenant, seule la baleine demeure en suspens dans l'espace. Alors, Dieu créa un ange, mi-feu mi-neige, encore plus magnifique que la nouvelle lune. Son éternelle louange est «Par le Seigneur, Lui qui a fait que ce feu coexiste en paix avec cette neige, que Dieu bénisse et pardonne Ses êtres humains.» Et, c'est là l'œuvre de Dieu : l'ange qui porte les univers est debout sur la pierre de rubis – placée à son tour sur le bœuf, au repos sur le vaisseau en forme de dôme – déposé à son tour sur la baleine Lutia. Elle, qui nage sur la paume de l'ange des dissemblances, comme un anneau perdu au milieu d'une immense étendue désertique.

Les Anges-Soldats

(Dieu vous a bien donné la victoire) lorsque tu disais aux croyants: «Ne vous suffit-il pas que votre Seigneur vous fasse descendre en aide trois milliers d'Anges?» Mais oui! Si vous êtes endurant et pieux, et qu'ils [les ennemis] vous assaillent immédiatement, votre Seigneur vous enverra en renfort cinq mille Anges marqués distinctement. (3:124-125)

Dieu fit alors descendre sur lui Sa sérénité: «Sa sakîna» et le soutient de soldats (Anges) que vous ne voyiez pas. (9:40)

Et que Nos soldats auront le dessus. (37:173)

A Dieu appartiennent les armées des cieux et de la terre; et Dieu est Omniscient et Sage.

Qui est celui qui constituerait pour vous une armée (capable] de vous secourir, en dehors du Tout-Miséricordieux? (67:20)

Nul ne connaît les armées de ton Seigneur, à part Lui. (74:31)

Ces versets ont deux significations, l'une interne et l'autre apparente. Pour secourir les vertueux qui ont suivi les pas du Prophète Mouhammad, Dieu a ordonné à trois mille anges créés à partir de l'attribut *«al-Jalîl»*, soit «Le Majestueux», de protéger les croyants sur terre, contre la terreur des créatures démoniaques. Ces anges sont «descendus», pour ainsi dire, du septième ciel qui est le plus haut d'entre tous. Le second verset indique que Dieu a envoyé des anges «marqués», ces derniers portaient en effet des signes remarquables dont la portée était si particulière, visibles uniquement des croyants. Ces empreintes étaient des couronnes d'or posées sur leurs têtes; ce qui rend compte de la plus somptueuse, la plus précieuse des stations, et parce que ces anges étaient tout simplement issus du degré le plus grand, au sein du premier ciel. A la faveur de l'éclat émanant de leurs couronnes, ces anges auraient pu foudroyer quiconque se serait présenté devant eux ; comme lors de la bataille de Badr, les croyants avaient reçu le don de vision qui leur permit de percevoir ces anges, et de croire en leur soutien.

Le sens profond de ces versets, que très peu de croyants sont amenés à observer dans leur vie, est basé sur le fait que dans le Coran, Dieu a quatre-vingt-dix-neuf noms et attributs, alors que dans la Torah, Il en possède neuf-cent un et dans le reste de la Bible, deux mille. Dans le premier de ces deux versets, Dieu indique que les anges en question ont été envoyés « d'en haut », c'est-à-dire du ciel le plus haut qui se trouve dans l'état de perfection le plus grand, près de la présence divine. Et, chaque ange portait un attribut, parmi les trois mille présentés dans les trois Livres Saints. Cela signifie que le support divin vient de l'ensemble des trois célestes ouvrages, et fut accordé aux croyants et à leur Prophète Mouhammad. Le symbole en est de l'unité de la religion, et de l'unicité de la foi. Il permet à tous ces croyants de saisir pleinement que l'Islam accepte Jésus et Moïse, et les Livres qu'ils ont transmis. Le second verset met en lumière une vérité puissante, celle que les démons autolâtres ne peuvent jamais nous atteindre tant que nous vivons dans la conscience de la présence de Dieu dans nos cœurs. Cette omniprésence nous élève vers l'état de perfection, lequel comprend cinq différents niveaux. Chaque niveau consiste en un millier de strates distinctes les unes des autres, et chacune d'entre elles est représentée par l'un des cinq mille anges susmentionnés. Lorsque nous nous élevons d'un degré, nous sommes parés du pouvoir de l'ange associé à ce niveau. Et, chaque degré ainsi obtenu redouble la force du cœur, afin que ce dernier puisse embrasser toute la connaissance et toute l'intensité dudit degré. Cette lumière ainsi exaltée est la clé qui permet d'accéder à la station supérieure, et ainsi de suite du premier au dernier parmi les cinq mille degrés existant. A ce moment-là, nous devenons les lumières éclatantes de la Lumière de Dieu, puis nous devenons des fondés de pouvoir parmi Ses anges sur terre, brillant tel des soleils en un jour glorieux.

Première Partie
LE PASSÉ

Les Anges, Adam et Eve

Et Il apprit à Adam tous les noms (de toutes les choses), puis Il les présenta aux Anges et dit: «Informez-Moi des noms de ceux-là, si vous êtes véridiques !» (2 :31)

Et lorsque Nous demandâmes aux Anges de se prosterner devant Adam, ils se prosternèrent à l'exception d'Iblis qui refusa, s'enfla d'orgueil et fut parmi les infidèles. (2 :34)

Nous vous avons créés, puis Nous vous avons donné une forme, ensuite Nous avons dit aux Anges: «Prosternez-vous devant Adam.» Ils se prosternèrent, à l'exception d'Iblis qui ne fut point de ceux qui se prosternèrent. (7:11)

Et lorsque ton Seigneur dit aux Anges: «Je vais créer un homme d'argile crissante, extraire d'une boue malléable, et dès que Je l'aurai harmonieusement formé et lui aurai insufflé Mon souffle de vie, jetez-vous alors, prosternés devant lui.» Alors, les Anges se prosternèrent tous ensemble, excepté Iblis qui refusa d'être avec les prosternés. (15 :28-31)

Et lorsque Nous avons dit aux Anges: «Prosternez-vous devant Adam », ils prosternèrent, à l'exception d'Iblis qui dit: «Me prosternerai-je devant quelqu'un que Tu as créé d'argile?» (17:61)

Et lorsque Nous dîmes aux Anges: «Prosternez-vous devant Adam», ils prosternèrent excepté Iblis qui était du nombre des jinn et qui se révolta contre le commandement de son Seigneur. Allez-vous cependant le prendre, ainsi que sa descendance, pour alliés en dehors de Moi, alors qu'ils vous sont ennemis ? Quel mauvais échange pour les injustes! (18:50)

Et quand nous dîmes aux Anges: «Prosternez-vous devant Adam », ils se prosternèrent, excepté Iblis qui refusa. (20:116)

Quand ton Seigneur dit aux Anges: «Je vais créer d'argile un être humain. Quand Je l'aurai bien formé et lui aurai insufflé de Mon Esprit, jetez-vous devant lui, prosternés. » Alors tous les Anges se prosternèrent. (38:71-73)

Dieu a enseigné à Adam les noms de toutes choses au sein de la création – la nature interne et externe, les qualités et les quantités ainsi que le secret de toute existence. C'est en vertu de cette connaissance qu'Il l'éleva à un état de pureté, et qu'Il acheva sa perfection afin qu'il atteigne la connaissance divine, celle-là même dont les anges tirent leur breuvage spirituel. Ce faisant, Dieu a permis à Adam d'enseigner et d'informer les anges quoi qu'il fût créé après eux.

Ces versets mettent l'accent sur l'essence de la condition humaine, celle-là même par laquelle les êtres peuvent accéder à un degré leur permettant de gouverner la puissance angélique. Ils nous enseignent aussi que les anges sont capables de prendre forme humaine, et que l'Homme a la capacité de se purifier au point d'assimiler les attributs des anges.

Dieu a mis les anges au service de Sa création bien-aimée, et a favorisé leur apparition auprès de celle-ci, et ce afin qu'ils lui portent secours et assistance. En effet, cette réalité est symbolisée par la prosternation à Adam, car c'est lui que Dieu choisit comme vice-régent sur terre, non les anges.

Si Nous voulions, Nous ferions de vous des Anges qui vous succéderaient sur la terre. (43:60)

Il est dit que dans ses derniers instants de vie, Adam rassembla ses enfants et leur confia qu'il désirait goûter le fruit du paradis. Ils partirent donc tous à la recherche d'un tel fruit ; les anges savaient quant à eux qu'Adam était sur le point de mourir. Ils reçurent ses enfants, portant dans leurs mains un suaire céleste, ainsi que de l'eau des rivières du paradis, pour l'ablution finale d'Adam. Ses enfants furent surpris et dirent «Comment saviez-vous que notre père était malade?» Et, les anges répliquèrent «Que cherchez-vous?» Les enfants dirent alors que leur père était souffrant et qu'il désirait un fruit du paradis, et ajoutèrent «Peut-être, cela le guérira-t-il...» Les anges leur répondit «Ô enfants d'Adam Le Paradis a été créé pour vous. Nous n'en sommes que les gardiens, pour vous. Comment les propriétaires d'une demeure pourraient-ils demander une quelconque autorisation aux concierges? Seulement, si vous souhaitez y entrer à nouveau, il vous faut retourner dans la présence divine et vous réapproprier votre réalité angélique propre, comme cela fut.»

«Et, comment faisons-nous cela?» demandèrent les enfants d'Adam.

Les anges dirent alors «Vous devez désirer, avec instance et sincérité, rencontrer votre Seigneur. Il vous montrera alors le chemin pour Le rejoindre.»

Les enfants d'Adam ajoutèrent «Et ensuite?»

«Ensuite, vous entrerez par la porte de la mort » dirent les anges.

Lorsqu'Adam mourut, les anges sont descendus et l'ont enterré eux-mêmes, montrant ainsi à ses enfants les codes de ce rituel, qu'ils leur enseignaient pour la première fois. Puis, le soleil et la lune furent éclipsés pendant sept jours et sept nuits.

L'Epreuve d'Adam et Eve

> *Puis le Diable, afin de leur rendre visible ce qui leur était caché – leurs nudités – leur chuchota, disant: «Votre Seigneur ne vous a interdit cet arbre que pour vous empêcher de devenir des Anges ou d'être immortels.» (7:20)*

Ceux qui habitent les cieux sont bien plus honorables que les êtres humains, la tentation d'Adam et Eve indique qu'ils en avaient bien conscience, et qu'ils désiraient ressembler aux anges. Mais, parce qu'ils résidaient au Paradis et qu'ils savaient que leur obéidance envers leur Seigneur devait être parfaite, Satan n'a pu les persuader de s'approcher de l'arbre. Ils ont résisté à la pression maléfique de désobéir à Dieu. Ils avaient connu la vie céleste, et s'en étaient délectée: il n'y avait pas l'once d'un désir en eux pour ce qui leur était étranger. Alors, quand Satan comprit qu'ils ne pourraient les convaincre de cette manière, il les approcha sous un autre angle.

Adam et Eve furent les père et mère de l'humanité. Dieu a révélé qu'Il a enseigné tous les noms à Adam (conformément à ce qui est écrit dans le chapitre consacré à sa création). Ces «noms» incluent également ceux portés par toute sa postérité. Adam portait dans le creux de ses entrailles la semence, dans son intégralité, de toute sa descendance. Etant donné que Satan possédait un pouvoir angélique (il était parmi les anges, bien que n'en étant pas un lui-même), il connaissait le secret de cette semence en Adam. Alors, il pénétra les lombes d'Adam et suscita, dans les semences qu'il portait, le violent désir de goûter l'arbre afin qu'ils deviennent angéliques à leur tour… mais une amère désillusion les attendait. La totalité de cette semence se mit soudain à s'agiter dans les corps d'Adam et Eve, les poussant inexorablement, et bien malgré eux, à étendre leurs paumes vers l'arbre pour en manger. Ils quittèrent donc la vie céleste pour la vie terrestre, et la raison de leur déchéance est la convoitise directe de leurs enfants à naître.

Il est impossible pour les habitants du paradis de désobéir à Dieu car ils possèdent des facultés angéliques qui les gardent constamment dans la dévotion à leur Seigneur. Par conséquent, ce ne sont pas Adam et Eve qui ont désobéi, mais bien leurs descendances en eux. Et, seraient-ils restés au Paradis, ils n'auraient pas été désobéissants et ne se seraient pas non plus distingués des autres. Quand ils furent déchus et envoyés sur terre, ils se languissaient tant de leur «patrie» comme des exilés ou de lointains voyageurs. Un tel désir, si profond, c'est celui de l'aspiration divine. Et, Dieu l'accepta, et décida que la mort serait le lieu de leur affliction, afin qu'ils sachent que la désobéissance n'est point acceptée au sein du paradis. C'est pour cette raison que la mort, pour les vertueux, est le signe premier indiquant leur retour prochain au paradis et la reconquête de leur pouvoir angélique, qu'ils ne devraient jamais perdre de nouveau en commettant la même faute que tous les enfants d'Adam dans ses entrailles.

C'en était assez de souffrances pour toute l'humanité que d'être séparé de leur empire angélique pour un temps imparti. Les êtres devaient vivre sur terre et ne pouvaient parvenir à leurs destinées célestes qu'en retrouvant cette puissance en eux-mêmes. Lorsqu'Adam et Eve, déchus, furent envoyés sur terre, ils versèrent tant de larmes, en prosternation devant leur Seigneur, et ce, quarante jours durant. Ils ne pleuraient non pour eux-mêmes, mais pour le salut de leurs enfants et pour les protéger du châtiment divin, et aussi afin que leurs épreuves et leurs souffrances leur soient facilitées sur terre. Adam et Eve sont restés ainsi prosternés jusqu'à ce que Dieu s'adresse à eux en leur disant «Ô Adam, Ô Eve, c'est assez! Je vous ai pardonné ainsi qu'à vos enfants. Mais, Je leur ai assigné une courte vie sur terre et elle est faite d'une fragile mixture d'amour et d'aversion, de joie et de chagrin, de paix et d'affrontement, de beauté et de laideur, de connaissance et d'ignorance. Quiconque parvient à maintenir l'équilibre et fait le choix du juste, vivra une vie céleste sur terre et sera relié aux pouvoirs angéliques du paradis. Une telle personne sera une lumière pour tous les Hommes, et elle saura les guider dans le chemin droit.»

La Lumière Angélique de Noé

Alors les notables de son peuple qui avaient mécru dirent: «Celui-ci n'est qu'un être humain comme vous, voulant se distinguer à votre détriment. Si Dieu l'avait voulu, ce sont des Anges qu'Il aurait fait descendre. Jamais nous n'avons entendu cela chez nos ancêtres les plus reculés. (23:24)

Noé naquit avec la lumière des prophètes sur son front. Dieu créa cette lumière avant Adam, et Il décida qu'elle soit transmise de génération en génération chez les prophètes, jusqu'au Sceau des Prophètes, Mouhammad.

Après qu'il ait reçu la prophétie, Noé prêcha pendant neuf-cents ans. La lumière angélique préservée en son être resplendissait tellement que les animaux et les pierres louaient Dieu lorsqu'ils l'apercevaient. Mais le peuple de Noé était si borné, qu'il ne réussit à ramener que quatre-vingt personnes à la foi véritable, et trois d'entre elles étaient ses fils. Un jour, Noé finit par en avoir assez et demanda à Dieu de le libérer de sa tâche d'appeler continuellement à la foi, et en vain, les hommes et les femmes qui l'entouraient. Dieu accepta la requête de Noé et envoya le Grand Déluge pour éprouver les êtres humains. Lorsque l'ordre de construire l'Arche fut donné à Noé, il sollicita des précisions en la matière et Dieu envoya Gabriel pour lui enseigner comment procéder.

Gabriel commanda aux anges de la Sécurité de collecter le meilleur bois d'œuvre permettant à un navire de résister à l'Ire de Torrents Déchaînés. Les anges apportèrent à Noé une pile de bois bruts et légers, issus des cèdres du Liban qui seraient plus tard utilisés pour construire le Temple de Salomon. Ils posèrent donc le bois devant lui. La pile dépassait tout le monde et était si immense que, de quelqu'endroit que ce fut sur le territoire de Noé, il semblait quelle recouvrit le ciel. Noé saisit une écharde sur la pile et commença à construire son Arche architecturale.

Jamais un navire n'avait été édifié dans ce pays, car il n'était pas proche de la mer ni d'aucune étendue d'eau assez conséquente. Le peuple de Noé le railla, en disant «Un navire en terre plane!» et «Comment pourrait-il y avoir une inondation dans ce pays qui n'a même pas connu la pluie depuis tant d'années?»

Gabriel expliqua à Noé comment rassembler la coque du navire avec les cent vingt-quatre mille planches. Sur chacune de ces planches était inscrit le nom de l'un des cent vingt-quatre mille prophètes qui allait apparaître, du début de la création à la fin des temps, à commencer par Adam. Dieu créa un ange pour préserver et assurer la pérennité de toutes les planches même après qu'elles aient été intégrées dans le navire. Ceci fut accompli afin que l'Homme sache que Dieu protège son entière création, à travers ses bien-aimés parmi les anges et les prophètes.

Dieu a introduit au sein de la création elle-même les causes et les rejaillissements du salut, ainsi que la voie vers le Paradis. Ainsi Dieu sauve-t-Il Ses bien-aimés serviteurs à maintes reprises, grâce aux arches du salut emmenés par les anges. En temps de guerres, de désastres, de famines, et de grandes dépressions, les anges ne manquent jamais d'offrir le réconfort et d'apporter le secours à ceux qui les demandent.

Les Anges Révélés

Les Honorables Hôtes d'Abraham

T'est-il parvenu (Ô Mouhammad) le récit des visiteurs honorables d'Abraham ? (51 :24)

Abraham était également appelé «le père des hôtes» car il faisait preuve d'une si belle hospitalité. Pour cette raison, Dieu lui envoyait toujours un ange pour lui tenir compagnie, afin qu'il ne dîne jamais seul. Un jour, le Seigneur chargea trois anges d'apporter à Abraham la nouvelle d'un enfant mâle à venir, bien que lui et son épouse aient été plutôt âgés. Il est rapporté que ces anges sont appelés «Les Honorés», parce que c'est Abraham lui-même, l'Ami Intime de Dieu, qui les a servis. On dit également que c'est parce que l'invité d'une personne honorable est elle-même honorable.

Dieu a béni toutes les terres du Moyen-Orient d'une aura et d'une lumière angélique éminentes. Il a permis que tous les prophètes et les saints mentionnés dans les traditions et Ses Ecritures révélées soient nés dans cet endroit. Dieu leur a tracé un chemin vers ces différents lieux. Ils ont bénis ces régions que Dieu a baignées dans une éclatante, et perpétuelle, brillance angélique comme c'est le cas pour la Mecque, Médine, Jérusalem, Damas, le Sinaï, le Yémen, et les montagnes du Liban.

Dieu a placé Abraham en Syrie et a appelé cette dernière:

Une terre que Nous avons bénie pour tout l'univers. (21:71)

Un jour Gabriel dit à Dieu «Ô Dieu! Montre-moi l'un de Tes bien-aimés serviteurs». Et, Dieu l'envoya auprès d'Abraham, sur terre. Gabriel le trouva assis, avec son fils, sur une colline dominant une vallée peuplée de moutons et autres bovins. En un clin d'œil, Gabriel lui apparut sous la forme d'un homme et s'adressa à lui en disant «Ô Etranger! Quel est ton nom?»

«Mon nom est Abraham.»
«Et, qui est avec toi?»
«Mon fils.»
«Que faites-vous sur cette colline?»
«Nous gardons les troupeaux que tu vois là-bas.»
«Et, à qui appartiennent-ils?»
«A moi.»

Abraham se demandait pour quelle raison cet homme lui posait toutes ses questions, mais il garda le silence. Gabriel continua à l'interroger et à examiner sa foi. Il lui dit:

«Ô Abraham! Tout ce bétail, c'est trop pour toi seul.»
«Il ne sont pas si nombreux, mais si tu veux, je veux bien t'en remettre une partie.»
«D'accord, mais je ne peux pas te payer leur valeur.»
«Le prix ne sera pas si élevé pour toi, mais il me tient à cœur.»
«Je ne comprends pas.»
«Vas-y, demande moi.»
«Quel est ton prix, Ô Adam?»
«Le prix de la moitié du troupeau est sous ta langue et entre tes lèvres.»
«Et, qu'est-ce que ça signifie?»
«Qu'il ne te prendra que quelques secondes pour faire mouvoir ta langue et tes lèvres avec quelques mots, et alors la moitié de mon troupeau sera à toi.»
«Et, quels sont ces mots?»
«D'abord, acceptes-tu mes conditions?»
«Oui, je les accepte.»

«Dans ce cas récite: «*soubbouhoun qouddoussoun rabboul mala'ikati war rouh* – Le Plus Glorieux et Le Plus Saint, le Seigneur des anges et de l'Esprit!»

Gabriel dit: «*Soubbouhun qouddoussoun rabboul mala'ikati war rouh.*»

«Ô mon fils! Descends immédiatement et déplace la moitié du bétail du côté de notre invité.»

Gabriel continua de jauger Abraham. «Ô Abraham! Il t'en reste encore trop pour ton fils et toi, alors que ma tribu et moi-même sommes bien plus nombreux que vous.»

«Ô mon frère! Ne t'inquiète pas. Je t'en donnerai une autre moitié si tu répètes une nouvelle fois: Le Plus Glorieux et Le Plus Saint, le Seigneur des anges et de l'Esprit!»

Dieu ordonna à tous les anges célestes d'observer attentivement le dialogue entre Gabriel et Abraham, et les invita à s'émerveiller de la foi et la loyauté de ce dernier. Gabriel dit alors une fois encore «*Soubbouhoun qouddoussoun rabboul mala'ikati war rouh.*»

Et, Abraham dit aussitôt: «Ô mon fils! Prends la moitié du restant et ajoute-la à l'autre partie.»

Puis, il regarda l'homme et lui dit «Je pressens que tu veux me demander davantage, et je n'attendrai pas que tu le fasses. C'est moi-même qui te demanderai si tu en veux plus.»

A cet instant, tous les anges dans les cieux versèrent des larmes et louèrent la générosité de l'homme parfait, Abraham. Dieu dit alors à Ses anges: «Je crée, de chacune de vos larmes, un ange qui résidera sur terre jusqu'au terme de ce monde. Ils seront mes messagers missionnés pour guider et prendre soin des êtres humains, jusqu'au jour du Jugement Dernier.» Et, Dieu ajouta

«Soyez», et les anges, ainsi créés, se mirent à descendre sur terre pour donner guidance et protection à l'humanité.

Et, cela fut pour la cause d'une seule personne, Abraham. Qu'en est-il alors de tous les vertueux, prophètes, et saints qui, comme lui, sont la raison pour laquelle la miséricorde divine est répandue sur terre et pour notre bien à tous ?

Alors Abraham dit à Gabriel: «Dis: Le Plus Glorieux et Le Plus Saint, notre Seigneur et le Seigneur des anges et de l'Esprit!»

Gabriel dit: «*Soubbouhoun quddoussoun rabbouna wa rabboul mala'ikati war- rouh.*»

Et, Abraham s'adressa alors à son fils: «Ô mon fils! Donne tout le bétail à notre visiteur, et ensuite nous partons. J'ai obtenu le prix que j'ai demandé. Ces trois expressions louant mon Seigneur sont plus précieuses pour moi que toutes ces têtes de bétail.»

«Abraham, attends!» dit le visiteur. «Je suis l'ange Gabriel, Je ne suis là que pour apprécier la teneur de ton amour, de ta sincérité. Je n'ai aucun besoin de tout ce bétail!»

«Ô Gabriel! dit Abraham, croyais-tu que j'ignorais vraiment qui tu étais? N'as-tu donc pas remarqué que je t'avais reconnu depuis le début ? Certes tu t'es voilé à mes regards, mais je t'ai mis à découvert lorsque je t'ai demandé de louer ton Seigneur par ces mots: Le Plus Glorieux et Le Plus Saint, le Seigneur des anges et de l'Esprit. C'est donc bien moi qui me suis voilé à ton regard. Et, de toi je me suis démarqué lorsque, la troisième fois, je t'ai fait déclarer: *Notre Seigneur (des Hommes), et le Seigneur des anges et de l'Esprit!*»

Gabriel était déconcerté par la réponse d'Abraham. Il ne savait que faire de tous ces moutons et de toutes ces vaches! Dieu s'adressa alors à lui en disant: «Ô Gabriel! Prends congés d'Abraham, car il ne reprendra jamais son bétail. C'est parce que le généreux ne reprend jamais ce qu'il donne et il ne rappelle jamais à autrui la faveur qu'il lui a faite ou l'aide qu'il lui a apportée. J'ai orné Abraham de l'attribut qui est le Mien, al-Karim: «Le Généreux», pour son amour et sa générosité. Emmène toute cette multitude de vaches, de moutons, de chèvres, d'ânes, de chevaux, de bisons, et de chameaux dans les jungles terrestres. Affecte-leur des anges gardiens pour veilleur sur eux. Par ma volonté, toutes ces espèces animales ne s'éteindront jamais grâce à la bonté d'Abraham.» Gabriel assigna ainsi des anges aux ouailles du Seigneur. Et, où que vous alliez sur terre, ces animaux sont présents depuis tant de générations, et dans les quatre coins du monde. Ce sont les grâces nées de la générosité d'Abraham.

Quand Nemrod voulut nuire à Abraham, il exigea qu'un feu immense soit allumé, un brasier tel qu'on n'en avait jamais connu de pareil sur terre. Il était si colossal qu'ils étaient incapables de l'approcher assez pour y jeter Abraham. Un homme vint alors à Nemrod et lui affirma avoir inventé un engin spécial qu'il pouvait utiliser à sa guise. Cela ressemblait à une catapulte. Les hommes de Nemrod s'emparèrent donc d'Abraham, et le jetèrent dans la fournaise au moyen dudit système. Et lui continuait de réciter sans cesse: «Mon refuge est en Dieu!», et lorsqu'il pénétra le brasier, il dit «Ô Dieu, Toi seul est dans les cieux, et sur terre je suis moi seul à t'adorer». Gabriel demanda aussitôt à Dieu la permission d'aller lui porter secours. Et Dieu répondit : «Si tel est ton souhait, tu peux le rejoindre et lui demander s'il souhaite être secouru.» Gabriel descendit sur terre et apparut à Abraham. Dieu dit alors aux anges d'observer la scène et d'écouter la réponse d'Abraham.

Les Honorables Hôtes d'Abraham

Gabriel s'adressa à lui en disant: «Ô Abraham! Je suis venu t'aider. Veux-tu que je te fasse sortir de ce feu?»

Abraham répondit: «Dieu ne voit-Il pas Son serviteur, Ô Gabriel?»

«Bien sûr, oui, Il voit tout!»

«Laisse-Le faire ce qu'Il veut de moi, Ô Gabriel!»

L'ange de la pluie demanda alors à Dieu: «Notre Seigneur, me laisseras-Tu commandé à la pluie d'éteindre ce brasier?» Tous les animaux de la création se sont rassemblés pour tenter d'étouffer ce feu, chacun usant de ses capacités. Seul le gecko fut découvert en train de l'attiser. Mais, le commandement de Dieu au feu était bien plus prompt, puisqu'Il avait déjà rendu ce dernier un lieu frais, sûr et reposant pour Abraham. Les anges louèrent Abraham pour sa foi absolue en Dieu. Le seul inconfort qu'il dû subir est d'avoir un peu transpiré, et Gabriel épongea sa sueur pour lui.

Alors, Dieu ordonna à l'ange de la pénombre de descendre auprès d'Abraham et de lui rendre sa condition agréable et confortable. L'ange de la pénombre descendit et fit germer un jardin absolument grandiose en plein milieu de la fournaise. Une verte prairie apparut, ainsi qu'un étang rempli de poissons et entouré de cygnes du Paradis : plumes et écailles resplendissaient et reflétaient toutes les couleurs existant au sein de la création. Les Serviteurs prenaient soin d'Abraham. Il se trouvait à l'ombre d'un saule, entouré de fruits délicieux et de mets délicats, en compagnie des anges qui s'étaient engagés dans une céleste conversation avec lui et durant laquelle ils lui révélèrent les secrets de leurs degrés ainsi que les facultés dont Dieu les avait gratifiés; ils lui donnaient absolument tout. A cet instant, ceux qui observaient de l'extérieur auraient aimé, eux-aussi, avoir été jetés au feu avec Abraham. Et même son père, qui auparavant ne croyait pas en lui, dit: «Ô Abraham, quel merveilleux Seigneur est ton Seigneur!» Et à dire vrai, sa mère entra dans le brasier, escortée par les anges, prit Abraham dans ses bras et ressortit sans une égratignure. Personne d'autre ne pouvait l'approcher sans ressentir l'intensité d'une chaleur infernale.

Le feu continua de brûler de façon irrésistible pendant quarante jours. Mais le jardin d'Abraham, quant à lui, ne faisait que s'étendre en verdure, encore et toujours, et les anges continuaient sans cesse de le visiter et de lui apporter leurs bénédictions. En cette période, le feu d'Abraham était devenu le point culminant des plus bénis sur toute la surface de la terre, et Dieu l'habilla de la grâce la plus éminente par Son regard. Il ordonna à tous les anges de la création de rendre visite, ne serait-ce qu'une fois, à Son Ami Abraham.

La Beauté Angélique de Joseph

Lorsqu'elle eut entendu leur fourberie, elle leur envoya [des invitations] et prépara pour elles une collation; et elle remit à chacune d'elles un couteau. Puis elle dit: «Sors devant elles (Joseph)!» Lorsqu'elles le virent, elles l'admirèrent, se coupèrent les mains et dirent: «A Dieu ne plaise! Ce n'est pas un être humain, ce n'est qu'un Ange noble!»
(12 :31)

Dieu créa le Prophète Joseph d'une lumière spéciale d'une sublime beauté, qu'Il avait créée et placé au Paradis. La prophétie de Joseph, c'était la prophétie du beau. Le message d'amour que Dieu envoya à l'humanité personnifié par Ses prophètes est symboliquement représentatif de la beauté et de l'amour qui ont cours au Paradis. Ce message révélé aux Hommes, et venant de Dieu, est le suivant: «Je n'ai pas laissé la terre sans amour et sans beauté.» Les prophètes sont, en quelque sorte, les allégories de ces attributs.

Où étions-nous avant de venir dans ce monde? Dans le monde spirituel. Que faisions-nous là-bas? Nul ne le sait? Les âmes n'ont besoin ni de manger, ni de dormir, ni de boire, ni d'un besoin quelconque du corps humain. Les âmes sont âgées que les anges, et elle ont été créées à une époque plus lointaine que celle des anges et que nul ne connaît. Depuis ce temps nos âmes immergent dans les Océans de Pouvoir et de Beauté de Dieu.

Le corps humain ne peut supporter le pouvoir de l'âme au risque de se fondre. Que reçoit la terre du soleil ? Seulement des faisceaux. Cependant, si le soleil venait à se rapprocher juste un peu à la terre à partir de sa position actuelle, la vie serait impossible pour nous. Similairement, les âmes des êtres humains sont éternellement dans la Présence Divine depuis leur création et n'en sont jamais quittées. *Mais seulement un seul faisceau est entré dans notre corps.*

De cette beauté, Dieu créa Joseph et un ange qui l'accompagna toute sa vie durant. Cet ange a été façonné à partir de la lumière du cinquième Paradis. Le Seigneur habilla Joseph d'un faisceau de ce Paradis, lequel suscita un indicible éclat sur son visage et à l'intérieur de ses yeux, captivant et réjouissant tous ceux qui le regardaient et l'écoutaient. Il semblait que le son de sa voix fut le murmure d'un ange; tant et si bien que quiconque l'entendait, délaissait immédiatement son occupation pour aller s'asseoir auprès de lui et l'écouter. Les dames de la maison du Prince étaient séduites par l'ange qui accompagnait Joseph, alors inconnu de tous, et dont il était le portrait absolu. Cette histoire était également une épreuve destinée à Joseph visant à lui montrer la voie de la tolérance et de la patience, afin qu'il porte sur lui les fardeaux des péchés commis par les autres et qu'il en soit préservé pour lui-même. Sa beauté fut la cause de son emprisonnement, et ce fut là un prélude au grand évènement que Dieu avait préparé pour lui.

Serviteur de Dieu!
Je rappelle à Mon bon souvenir, ceux qui se souviennent de Moi,
Mes Jardins appartiennent à ceux qui Me louent,
Et, Je visite ceux qui se languissent de Moi
Et, Je ne cesse d'être pour ceux qui M'aiment
Un amant qui aime, sa parole est véridique!
Celui qui vit dans l'intimité de son amant,
Son action est toujours juste!
Celui qui aime à Me rencontrer, J'aime à le rencontrer!

Joseph répondit à l'ange: «C'est le désir ardent et la tendre affection qui m'ont conduit à l'amour de Dieu. Je n'ai jamais détesté la mort, comme Ses autres serviteurs, car je sais qu'elle est la porte qui me mènera à mon Bien-aimé.»

L'ange répondit: «Ô Joseph! Les signes de l'amour de Dieu est de Lui donner la préséance sur toi-même. L'aimer, c'est délaisser ce qu'Il n'aime pas. Ton cœur et ta langue ne doivent jamais cesser de pratiquer Son souvenir. Ô Joseph! Tu représentes la beauté du Paradis. Il te faut porter ces trois caractéristiques ou alors tu ne peux être celui qui la révèle:

«Privilégie la parole de Dieu aux discours de Ses créatures;
Privilégie Sa compagnie à celle de Ses créatures;
Sers Ses créatures, et aide-les, pour l'amour de Dieu.

L'ange continua: «Ta prison, Ô Joseph, est comme les flammes brûlantes dans le cœur de l'amant, elles se consument hors de tout contrôle. Et, pour te montrer que la charge que tu as portée pour ton prochain a été acceptée de Dieu, Il a fait de cet acte l'étincelle qui aura fait jaillir ces flammes, et Il t'a ouvert la voie vers ton Bien-aimé.

Puis, l'ange se mit à fredonner:

«Ô Joseph! La séparation du Bien-aimé
Est meilleur que l'union.
Son amertume est plus douce que Sa justice,
Sa difficulté est plus aimable que Son aisance,
Sa privation est plus savoureuse que Son don.»

Joseph dit alors «Explique-moi ce que tu veux dire.» Et l'ange ajouta: «Le sens en est que la séparation te maintient dans un état de souvenance, car alors tu demeures dans l'aspiration profonde de parvenir à Sa justice, à Son aisance, à Son don, ainsi qu'à Sa saveur.»

Les anges de l'Union-Après-la-Séparation gouverne l'amour des membres d'une même famille entre eux, et plus précisément dans les moments d'adversité et en temps d'épreuves. Parce que Dieu aime que les êtres humains s'attachent à préserver les liens de l'humanité, et il n'existe pas de liens sur terre plus forts et plus grands que les liens de l'amour : d'abord, l'amour des parents pour leurs enfants qui est le reflet et le symbole de l'amour de Dieu pour Sa création; puis, l'amour entre les hommes et les femmes. L'histoire suivante illustre le concours des anges dans la réconciliation des familles, malgré les circonstances implacables de la vie moderne qui les divisent pour des raisons matérialistes.

La Baleine Angélique de Jonas

Jonas était certes, du nombre des Messagers. Quand il s'enfuit vers le bateau comble, il prit part au tirage au sort qui le désigna pour être jeté [à la mer]. Le poisson l'avala alors qu'il était blâmable. S'il n'avait pas été parmi ceux qui glorifient Dieu, il serait demeuré dans son ventre jusqu'au jour où l'on sera ressuscité. (37:139-144)

Dieu envoya Jonas au peuple de Ninive en Irak. Il les appela au message de Dieu mais ils refusèrent de l'écouter. Il réitérait ses appels nuit et jour, mais toujours en vain et en réponse, ils lui faisaient du mal et le maudissaient à chaque coin de rue. Cela dura un long moment, et bientôt Jonas n'était plus capable de supporter cette situation. Il commença par les menacer: «Je vais demander à mon Seigneur de vous adresser un châtiment des plus sévères, un châtiment tel qu'on n'en a jamais connu de pareil; vos cités seront dévastées et vos potagers seront sous les flammes; vos hommes et vos femmes deviendront stériles et ce sera la fin de votre descendance.» Puis, il les quitta.

Peu à peu, son peuple ressentit les effets du châtiment dans leur vie quotidienne. Ils réalisèrent soudain qu'ils avaient commis une terrible erreur.

Dieu est Plus Miséricordieux; à chaque instant, Il nous montre Sa grandeur et amène l'être humain à être conscient de Sa présence, à travers tant de signes dans le monde. Ainsi Dieu envoit-Il des anges pour guider les êtres sincères – et de fait toute personne qui demande à être guider – vers la lumière d'une vie pleine de félicité. Dieu envoya les anges de la Miséricorde et les anges de la Sécurité au peuple de Jonas afin qu'ils inspirent les cœurs à faire le bien, et qu'ils les guident vers la quiétude en traversant la ruine qui descendait sur eux.

Abraham était protégé du feu de Nemrod grâce à l'intervention de l'ange des neiges et de l'ange de la paix. Dans l'intense chaleur de l'énorme brasier où il avait été jeté, cerné de tous les côtés – à gauche, à droite, en haut, et en bas – Abraham a été sauvé. C'est là un signe de Dieu annonçant à Ses ouailles: «Je préserve celui que Je veux de tout mal, n'importe quand et quelle que soit la rigueur de sa condition.»

Jonas, en colère, prenait ses distances avec son peuple. Ils regrettaient tout ce qu'ils avaient fait à leur prophète. Hommes, femmes, enfants, vieillards, et même les animaux qu'ils aient été sauvages ou domestiques, avaient été vus pleurant et se lamentant, chaque espèce dans son propre langage. Quelque chose d'effroyable, s'annonçait et tout le monde implorait la pitié, et demandait l'intercession des anges.

Le Seigneur Dieu Plus Miséricordieux, Plus Puissant, et Plus Munificent fit disparaître le fléau, et les sauva du chaos en envoyant Ses anges.

Pendant ce temps, Jonas embarqua sur un bateau et prit la mer. Une violente tempête éclata, le bateau fut détruit et bientôt se mit à couler. L'équipe décida de tirer au sort celui qui serait jeté par-dessus bord, en expiation des péchés mortels qui devaient être la cause de leur perte. Quand le nom de Jonas fut révélé, ils répugnèrent à le faire car c'était un prophète. A nouveau, il y eut un tirage au sort. Mais, à chaque fois le choix tombait sur son nom. A la fin, Jonas se jeta lui-même par-dessus bord et une énorme baleine, surgissant du fin fond de l'océan, l'avala tout de go.

Un ange apparut devant la baleine et lui annonça qu'elle ne devait pas broyer Jonas, mais le garder sauf dans son estomac. A cet instant, Jonas s'adressa à l'ange et lui demanda conseil:

- Donne-moi les bonnes nouvelles de mon Seigneur. D'où vient-il que Dieu enseigne aux anges la connaissance de l'Invisible?
- C'est parce que nous ne commettons pas de péchés, dit l'ange.
- Jonas répondit alors: Conseille-moi.
- Alors, l'ange s'exprima: Sois patient et ne sois pas plein de colère, car tu l'es en ce moment même contre ta nation. Sois celui qui accorde des faveurs, et non des tourments – car tu as invoqué Dieu pour la ruine de ton peuple qui te faisait du mal. Ne sois pas infatué de toi-même, dans ton orgueil ou ton arrogance. N'avilie pas ta nation à cause de ses péchés, car tu as commis des fautes, toi aussi.

Et, dans l'estomac de la baleine verte, Jonas tomba prosterné et dit: «Ô Dieu, Je me prosterne devant Toi en un lieu où personne ne l'a jamais fait. Ô Dieu, Tu m'as submergé de ces océans d'espérance, et Tu m'as fait oublier le jour de ma mort. Ô Seigneur, Tu es le possesseur de mon cœur et de mon secret. Je suis celui qui s'est noyé, alors attrape-moi par la main et sauve moi. Libère moi par Ta perfection et inspire moi de Ton amour! Permets aux anges de miséricorde de venir jusqu'à moi pour me ramener, Ô Toi qui accepte les prières des nécessiteux dans les ténèbres du châtiment. Ô Dévoileur et Repousseur du mal et des difficultés, me voilà je viens à Toi, en adoration devant Toi. Ne me tiens pas éloigné de Ta présence. Et, Pardonne-moi.»

Dieu ordonna à l'ange de déplacer la baleine à travers les océans les plus éloignés et de la déposer dans le plus salé d'entre tous ou dans les eaux les plus profondes. En ce lieu, Jonas se mit à entendre les louanges de toutes les baleines, de tous les poissons, de tous les coraux, et de toutes les créatures habitant ces profondeurs. Seules se faisaient entendre les glorifications du Seigneur, ainsi loué, et Jonas lui aussi en récitait.

[Dieu créa un saint doté de si grandes dispositions dans la prière et la pratique du souvenir qu'il n'avait plus besoin de manger ni de dormir. Au lieu de repos et de nourriture, il passait tout son temps à prier Dieu, chantant les louanges de son Seigneur, et intercédant pour les êtres humains. Dieu le plaça dans un abri au fond de l'océan. Là, il perpétua sa divine glorification sans entraves et pour des siècles. Quand ce saint personnage mourut, les anges l'emmenèrent jusqu'à Dieu Qui lui demanda «Ô Mon bien-aimé serviteur, te récompenserai-Je à l'aune de tes actes ou à l'aune de Mon pardon?» Il répondit: «Ô mon Seigneur, à l'aune de mes actes, puisque Tu as accordé qu'ils consistent purement et simplement dans Ta glorification.» Les anges placèrent alors les actions du saint d'un côté de la balance, et la générosité de Dieu envers lui de l'autre côté. Et, la bonté de Dieu pesait plus lourd: le saint, sans un mot, tomba prosterné à terre. Puis, il implora le pardon de Dieu.]

L'ange inspira Jonas qui s'exprima: «Ô Dieu, Plus Exalté, personne ne peut Te remercier ni T'adorer comme Tu dois être remercié et adoré. Tu connais les secrets et la connaissance la plus inaccessible, Tu dévoiles tout ce qui est dissimulé à Tes serviteurs, Tu connais le moindre incident qui a court dans ce monde et dans l'autre et accepte la prière de toute création, pardonne-moi et accepte-moi en Ta présence comme Ton humble serviteur.»

Dieu révéla alors à Jonas ce qui suit:

Et Doû'n-Noûn (Jonas) quand il partit, irrité. Il pensa que Nous N'allions pas l'éprouver. Puis il fit, dans les ténèbres, l'appel que voici: «Pas de divinité à part Toi! Pureté à Toi! J'ai été vraiment du nombre des injustes». Nous l'exauçâmes et le sauvâmes de son angoisse. Et c'est ainsi que Nous sauvons les croyants. (21:87-88)

Puis Dieu ordonna à la baleine de régurgiter Jonas au-delà du rivage, et à l'ange de s'adresser à lui par ces mots: «Voici donc la miséricorde de Dieu. Il peut l'accorder à n'importe qui par Sa volonté, même en plein milieu du chaos le plus grand et menacé d'une mort certaine, loin de tout secours.» Ainsi, Dieu protégea Jonas, et cette histoire montre comment Dieu sauve Ses ouailles cernés par la destruction, et fait mentir toute logique de survie.

Marie et les Anges de la Virginité

(Rappelle-toi) quand les Anges dirent: «O Marie, certes Dieu t'a élue et purifiée; et Il t'a élue au-dessus des femmes des mondes. (3:42)

Les «Anges de la Virginité» ont été créés à partir du Verbe de Dieu, ils portent Sa Lumière et sont apparus à la Vierge des vierges, Marie. Ils l'informèrent qu'elle avait été choisie pour veiller sur un important message destiné à l'humanité. Ils étaient ses anges gardiens. Ils portaient des couronnes de perles et de rubis sur leurs têtes. Les yeux de la Vierge Marie étaient subjugués par ces perles et ces émeraudes malgré elle. Elle perçut alors que ce monde, avec toute sa magnitude, n'en disparaissait pas moins dans un seul de ces joyaux, comme une bague engloutie par un océan. Cette vision l'éleva à un stade de connaissance qui éclipsait toutes les autres connaissances de ce monde, et qui lui ouvrit la voie pour porter, dans ses entrailles, le secret de Jésus, qui est une Parole de Dieu.

Ainsi Dieu prépara-t-Il Marie, aidée de ces deux messagers, pour porter la lumière que l'Archange Gabriel allait répandre sur elle plus tard, et qui allait également la protéger de tout ennui. Depuis son plus jeune âge, elle implorait Dieu de la garder vierge dans son corps et vierge dans son âme. Dieu a exaucé sa requête, et elle fut choisie, parmi toutes les autres femmes au monde, pour sa piété et pour sa sincérité, afin de concevoir et porter un enfant sans l'intervention d'un homme.

Les Visiteurs de Zacharie

Alors, les Anges l'appelèrent pendant que, debout, il priait dans le Sanctuaire: «Voilà que Dieu t'annonce la naissance de Yahya, confirmateur d'une parole de Dieu. Il sera un chef, un chaste, un prophète et du nombre des gens de bien». (3 :39)

Les anges qui ont visité Zacharie l'ont fait en tant que messagers, interrompant sa prière au profit d'un céleste échange bien plus grand.

Ils déclarèrent que sa femme porterait un enfant qui serait de la pieuse compagnie des vertueux, ainsi qu'un prophète. Ces deux anges-messagers sont apparus à Zacharie dans une lumière de couleur pourpre, ceci pour lui indiquer qu'ils étaient les gardiens de son jeune fils John qui allait guider les serviteurs de Dieu à la Voie Droite.

(Rappelle-toi) quand les Anges dirent: «O Marie, voilà que Dieu t'annonce une parole de Sa part: son nom sera «Al-Masîh», «'Issâ», fils de Marie, illustre ici-bas comme dans l'au-delà, et l'un des rapprochés de Dieu». (3 :45)

Les anges-messagers qui sont apparus à Marie l'ont informée qu'elle porterait le Messie tant attendu. Marie était de la vingt-quatrième génération descendant du Prophète Salomon, que les anges et les *jinn* servaient sur ordre divin. Elle demanda à Dieu de la nourrir uniquement avec des aliments licites qui viendraient à elle, sans qu'elle ait besoin d'un labeur, puisqu'elle s'était entièrement dévouée à Son service. C'est pour cette raison que Zacharie, son oncle, voyait de la nourriture posée près d'elle à chaque fois qu'il entrait dans le sanctuaire. Et, lorsqu'il lui demandait sa provenance, elle répondait simplement qu'elle venait de Dieu. Les deux anges-messagers avaient élevé Marie depuis son enfance jusqu'à sa maturité, et elle n'avait jamais quitté le sanctuaire si ce n'était pour aller chercher de l'eau dans une certaine grotte. Et, comme elle s'y trouvait un jour, elle vit la voûte céleste chargée de nuages étincelant de mille couleurs. Elle fut effrayée par cette vision.

Ses deux gardiens se manifestèrent à elles en disant : «Ce moment est unique, car tu vas porter l'enfant, ton fils, qui sera le Messie de ce monde.» A peine avaient-ils terminé, que l'Archange Gabriel apparut sous la forme d'un homme tout de blanc vêtu, lui dit :

Il dit: «Je suis en fait un Messager de ton Seigneur pour te faire don d'un fils pur». Elle dit: «Comment aurais-je un fils, quand aucun homme ne m'a touchée, et que je ne suis pas prostituée?»

L'Archange continua ce qu'il avait à annoncer:

Il dit: «Ainsi sera-t-il! Cela M'est facile, a dit ton Seigneur! Et Nous ferons de lui un signe pour les gens, et une miséricorde de Notre part. C'est une affaire déjà décidée». Elle devint donc enceinte [de l'enfant], et elle se retira avec lui en un lieu éloigné. (19 :19-22)

Quand Marie se mit à éprouver des contractions vers la fin de sa grossesse, un charpentier du nom de Joseph la blâma par ces mots: «Ô Marie, a-t-on jamais vu une récolte croître sans qu'aucune graine n'ait été plantée?» Et, aussitôt, ses deux gardiens lui apparurent en compagnie de Gabriel et lui dévoilèrent une vaste étendue de connaissance. Elle se vit, seule en plein milieu d'un nombre infini d'anges qui chantaient et dansaient, tout en la louant et la bénissant. Ils lui dirent: «Dis: Dieu n'a-t-Il pas fait apparaître des récoltes sans graines lorsqu'Il créa la terre?» Et, quand Joseph entendit cela, il en resta bouche bée. Après un instant, il lui dit «Tu as raison.»

Marie avait treize ans lorsqu'elle donna naissance à Jésus, et elle mourut à l'ange de 112 ans. Et durant tout ce temps, ses anges gardiens l'ont toujours accompagnée sans jamais l'abandonner. Ils lui firent connaître le souhait de Dieu: qu'elle nomme son fils Jésus, le Messie. En arabe, il est appelé: «Issa al-Massih». Il fut ainsi nommé car il quitta l'utérus de sa mère oint d'une huile parfumée, et une fragrance s'échappait de Marie alors qu'elle le mettait au monde. De chacune des gouttes de ce parfum, Dieu créa un ange pour veiller sur lui sa vie durant. Grâce à ces anges, il a porté en lui de miraculeux pouvoirs pour guérir les malades et ramener les morts à la vie. De ses ailes, l'Archange Gabriel frictionna également Jésus, le protégeant ainsi du Malin. Et c'est pourquoi Jésus, à son tour, oignait la tête de chaque enfant et de chaque orphelin, un acte symbolique rappelant son onction par Dieu.

Il arriva qu'un jour trois démons approchèrent Jésus et immédiatement, les archanges Gabriel, Michaël et Israfil apparurent. D'un souffle, Michaël chassa l'un d'eux vers l'est jusqu'au soleil qui le brûla. Israfil fit de même en repoussant vers l'ouest le second démon qui atteignit le soleil sur sa face opposée. L'Archange Gabriel saisit le dernier Satan qui était également le plus fort des trois, et s'assurant que ce dernier ne s'approcherait plus jamais de Jésus, l'enterra sous les sept terres pendant sept jours.

Jamais le Messie ne trouve indigne d'être un serviteur de Dieu, ni les Anges rapprochés [de Lui]. Et ceux qui trouvent indigne de L'adorer et s'enflent d'orgueil... Il les rassemblera tous vers Lui.
(4:172)

Dieu nous montre ici que même les anges «Rapprochés» (*al-mouqarraboun*) créés de toute lumière, et Jésus qui fut créé du Verbe de Dieu par le truchement de l'archange Gabriel (l'un des anges favoris), sont dans le contentement de l'adoration divine. Ceci sous-entend que Dieu élève les anges et leur accorde un degré semblable à celui de Jésus, donc Jésus fait également partie des «Rapprochés».

Quand Jésus vit la froideur et l'insensibilité des gens autour de lui, il aspira à rencontrer son Seigneur. Les anges lui apparurent et le réconfortèrent par ces mots:

> *«Ô Dieu! Tu nous as raffermis dans notre recherche*
> *Du pardon et de la générosité.*
> *Dieu, Tu nous as inspirés de Te remercier pour Tes faveurs.*
> *Tu nous as amenés à Ta porte,*
> *Et, nous a invités à regarder*
> *Ce que Tu avais préparé pour Tes invités.*
> *Tout cela n'est-il pas de Toi ?*
> *N'est-ce pas tout cela qui nous a guidés jusqu'à Toi?*
> *A Toi nous sommes venus, et c'est Toi qui nous as emmenés.*
> *Nul autre que Toi nous désirons.*
> *Ta porte est si vaste. Et, son seuil est Ta générosité.*
> *En Toi, les pauvres atteignent leur but.*
> *La Patience est bonne en toute chose, mais pas lorsqu'il s'agit de Te rencontrer.*
> *Vers Toi, j'élève la plainte d'une âme perplexe.*
> *L'Espoir m'a rendu ivre.*
> *J'ai oublié les calamités des hommes diaboliques.*
> *Et, Tu connais mon cas mieux que moi-même.*
> *Ne m'abandonne pas ivre du vin de Ton amour*
> *Et, pardonne-moi dans Ta parfaite générosité.*
> *Tu possèdes mon cœur. C'est Ton adopté.*
> *Ne permets pas que je sois séparé de Toi.*
> *Tu es mon secret, et je suis celui qui s'y noie.*

Elargis Ton secours et sauve moi.
Celui que Tu délaisses demeure dans l'abîme.
Et, si Ta miséricorde n'est que pour les bons,
Vers où les espérances des pécheurs peuvent-elles se tourner ?
Ô Toi Qui reçois les prières de celui qui est dans le besoin
Au plus noir de la nuit,
Ô Toi Qui éloigne l'épreuve, le malheur et l'affliction
Tes gens ont dormi loin de Ta maison,
Mais Tu es l'Eternel Veilleur, l'Eternel Présent
Et, Tu prends soin de tout par Ta Miséricorde.
Ô Dieu ! Pardonne ceux qui se sont avancés contre moi,
Et pardonne-moi car mon amour pour Toi est pur.
Elève-moi à Ta présence, là où je pourrai Te voir toujours.

Il est rapporté que lorsque Juda trahit Jésus, des légions d'anges apparurent aux côtés de ce dernier prêts à détruire les ennemis de Dieu qui voulaient anéantir Son message. Mais, Jésus retint leurs mains, il ne souhaitait pas interférer car il avait hâte de voir la volonté de Dieu s'accomplir. A cet instant, Dieu s'adressa à lui:

Ô Jésus, certes, Je vais mettre fin à ta vie terrestre t'élever vers Moi,
te débarrasser de ceux qui n'ont pas cru. (3:55)

Il fut alors emporté par l'ange Gabriel, et élevé dans les cieux. Le huitième jour après la crucifixion, les disciples de Jésus, sa mère et une autre femme se sont rassemblés dans la maison de Marie pour le pleurer, quand soudain Jésus leur apparut de façon inexplicable. Il leur dit la vérité quant à ce qui s'était réellement passé, et comment son Seigneur l'avait élevé au ciel, là où il continuerait à vivre jusqu'à la fin des temps marquant son retour sur terre, puis il les réconforta.

Alors, il demanda après Juda qui l'avait trahi. On lui dit qu'il avait éprouvé des remords et, désespéré, s'était ôté la vie. Jésus dit alors: «Ah, si seulement il s'était tourné vers le Seigneur et avait imploré Son pardon, Dieu Tout-Puissant lui aurait pardonné et Il aurait accepté sa repentance. Car il n'existe aucun péché trop immense pour être pardonné par notre Seigneur dans Son infinie miséricorde.» Alors, il pleura pour lui.

Jésus donna à ses disciples toute autorité pour continuer à prêcher l'Evangile, il les bénit et pria avec eux jusqu'à l'aube. Les anges entourèrent la plus sainte assemblée sur terre et réconfortèrent chacun d'entre eux quand le moment fut venu pour Jésus de rejoindre les cieux, là où, à nouveau, il fut élevé.

Le Voyage Nocturne et l'Ascension du Prophète Mouhammad

Le Voyage Nocturne et l'Ascension du Prophète Mouhammad ﷺ

Gloire et Pureté à Celui qui de nuit, fit voyager Son serviteur, de la Mosquée Al-Harâm (la Mecque) à la Mosquée Al-Aqsâ (Jérusalem). (17:1)

Certes, Dieu et Ses Anges prient sur le Prophète; Ô vous qui croyez priez sur lui et adressez [lui] vos salutations. (33:56)

Par l'étoile à son déclin!
Votre compagnon ne s'est pas égaré
et n'a pas été induit en erreur et il ne prononce rien sous l'effet de la passion;
Ce n'est rien d'autre qu'une révélation inspirée.
Que lui a enseigné [l'Ange Gabriel]
à la force prodigieuse, doué de sagacité;
C'est alors qu'il se montra sous sa forme réelle [angélique],
Alors qu'il se trouvait à l'horizon supérieur.
Puis il se rapprocha et descendit encore plus bas,
Et fut à deux portées d'arc, ou plus près encore.
Il révéla à Son serviteur ce qu'Il révéla.
Le cœur n'a pas menti en ce qu'il a vu.
Lui contestez-vous donc ce qu'il voit ?
Il l'a pourtant vu, lors d'une autre descente,
Près de la Sidrat-oul-Mountahâ,
Près d'elle se trouve le jardin de Ma'w? Au moment où le lotus était couvert de ce qui le couvrait
La vue n'a nullement dévié ni outrepassé la mesure.
Il a bien vu certaines des grandes merveilles de son Seigneur. (53:1-18)

Dieu a ordonné Gabriel de visiter le Prophète Mouhammad avec une escorte de soixante-dix mille anges et de rester à sa porte. «Escorte-le jusqu'à Ma présence. Et toi Michaël, prends la connaissance voilée et tiens-toi, avec soixante-dix mille anges, à la porte de sa chambre. Toi, Israfil, et toi Azrail, faites comme Gabriel et Michaël ont été ordonnés.» Puis, Il dit à Gabriel: «Intensifie la lumière de la lune avec celle du soleil, et celle des étoiles avec celle de la lune.» Gabriel répondit: «Ô Seigneur Dieu, est-on à l'aube de la Résurrection?» Et, Dieu dit: «Non, mais ce soir Nous invitons le Prophète en Notre présence, le dernier Messager après Jésus, pour lui révéler un secret qui Nous intéresse.» Gabriel demanda: «Ô Dieu, quel est ce secret?», Et Dieu ajouta: «Ô Gabriel, le secret des rois ne peut être donné aux serviteurs. Va, accomplis Mon ordre et ne pose aucune question.»

Alors, Gabriel commença sa descente, portant avec lui la missive divine et suivi de tous les anges, comme Dieu l'avait ordonné. Ils atteignirent alors la porte du Prophète et s'annoncèrent par ces paroles: *«Qoum ya sayyidi* – Ô mon Maître, lève-toi et prépare toi ! Chevauche le *Bouraq*, la céleste créature qui te mènera, à travers la vallée des anges, au Seigneur de la Toute-Puissance.»

Le *Bouraq* (La Monture Angélique)

Quand Dieu commanda à Gabriel d'emmener le *Bouraq* avec lui pour qu'il soit la monture du Prophète, l'archange se rendit au Paradis et y trouva quarante millions de *bouraq*s. Chacun d'eux portait une couronne gravée de ces mots: «Nulle divinité si ce n'est Dieu, et Mouhammad est Son Messager.» Et, en-dessous était inscrit: «Aie Foi en Moi, en Mes anges, en Mes livres saints, et en Mes prophètes.» Gabriel vit alors un *bouraq* qui pleurait, à l'écart des autres. L'archange s'approcha de lui et s'enquit de la raison de ses larmes. Le *Bouraq* répondit: «J'ai entendu le nom de Mouhammad il y a de cela quarante mille ans et depuis, l'ardent désir de le rencontrer m'a interdit le boire et le manger.» Alors, le choix de Gabriel s'arrêta sur ce *bouraq*, et il le prit avec lui.

Le corps du *Bouraq* était celui d'un cheval, mais il avait le visage d'un humain, avec de grands yeux noirs et des oreilles délicates. Il était couleur de paon, avec un plumage incrusté de coraux et de rubis rouges sur lesquels étaient édifiées sa nuque d'ambre et sa tête de musc blanc. Ses oreilles, ainsi que ses épaules, perles d'un blanc immaculé, étaient reliées entre elles par des chaînes d'or. Chacune de ces chaînes était décorée de pierres précieuses étincelantes. Et sa selle était, quant à elle, constituée de soie liserée de fils d'or et d'argent. Son dos, enfin, était recouvert d'émeraudes vertes et son licol n'était que péridot à l'état pur.

Le *Bouraq* se déplace aussi vite que sa vision. Ses jambes ont immédiatement prise sur tout espace happé par son regard. Lorsqu'il arriva à destination, Gabriel dit: «Ô Prophète, cette nuit est véritablement tienne, et le temps est venu pour toi de briller dans le ciel de la création. Tu es le soleil des connaissances, ancestrales et dernières; tu es le clair de lune et la beauté des mondes entiers, l'enchantement de toute la création, et la parure de la contrée des Hommes et des anges. Tu es la coupe de l'amour extraite des rivières de lait et de miel. Le Fleuve Kawthar du Paradis sort de son lit, dans son élan pour te voir. Ô Ravissement de toute la création, Ô Fierté du Paradis, les tables sont dressées et les Palaces célestes guettent ta venue!»

Le Prophète ﷺ répondit: «Ô Gabriel, apportes-tu un message de miséricorde ou es-tu l'avertisseur d'un courroux?»

«Ô Mouhammad, je suis venu avec un message de ton Seigneur concernant un secret qui doit t'être donné.»
«Et, qu'est-ce que le Seigneur de la Générosité peut-Il vouloir faire de moi?»
«Il veut répandre sur toi Sa miséricorde, de même sur tous les êtres qui t'auront reconnu.»
«Donne-moi un instant pour me préparer.»
«Je t'ai apporté de l'eau du paradis, et un turban présentant une inscription: Mouhammad le serviteur de Dieu; Mouhammad le prophète de Dieu; Mouhammad le bienaimé de Dieu; Mouhammad l'Ami de Dieu.»
«Ô Gabriel, parle-moi davantage de ce turban.»

«Dieu créa un turban de Sa lumière et Il le confia à Ridwan, l'ange-conservateur au Paradis. Et déjà, bien avant la création du ciel et de la terre, la légion d'anges de Ridwan récitait les éloges destinés au possesseur de ce turban. Ce soir, quand la nouvelle de ta visite fut connue, Ridwan a pris le turban du Paradis et, accompagné des quarante-mille anges, il dit: «Ô Seigneur, Tu nous as ordonné, depuis des temps immémoriaux, de louer l'héritier de ce turban. Honore-nous ce soir par sa vision et permets-nous d'ouvrir la marche devant lui.» Et Dieu leur accorda ce qu'ils demandaient. Puis, Dieu m'ordonna à moi Gabriel de tendre à Michaël la précieuse jarre d'eau pure de Salsabil, et à Michaël de la donner à Azrail, puis à Azrail de la céder à Israfil, et à Israfil de la remettre à Ridwan qui, à son tour, allait l'envoyer au Paradis le Plus Elevé: Jannat al-Firdaws, là où tous les anges-éphèbes ont appliqué l'eau sur leur visage, et leur éclat n'en a été que plus beau. Puis, ils m'ont renvoyé cette eau, et désormais je te la donne.»

Et alors, le Prophète ﷺ prit l'eau du Paradis et la déversa sur lui. Dès qu'elle toucha son corps, un vêtement de lumière angélique et pleine de grâce le recouvra, puis Gabriel lui apporta le *Bouraq* pour le monter, mais la créature céleste s'arrêta et demanda à l'archange: «Est-ce lui le Prophète Mouhammad que le Seigneur a invité?» Gabriel répondit: «Oui.» Alors le *Bouraq* ajouta: «Est-ce à lui qu'appartient l'étang béni du Paradis?» Et Gabriel dit: «Oui.» Puis, le *Bouraq* continua «Est-il le maître des Gens du Paradis?» Alors Gabriel dit encore «Oui.» Et le *Bouraq* demanda à nouveau: «Est-il l'intercesseur au jour du Jugement Dernier?» Et Gabriel répondit: «Oui.» A cet instant le *Bouraq* se liquéfia, comme la neige au soleil. Il s'agenouilla à terre et s'adressant au Prophète il lui dit: «Ô Fierté de la création, chevauche-moi; mais avant, j'ai une requête: ne m'oublies pas au jour d'intercession.»

Quand le Prophète monta le *Bouraq*, des larmes coulèrent sur ses joues. Gabriel le questionna: «Ô Prophète, pourquoi pleures-tu?» Il répondit: «L'image des êtres humains m'est venue à l'esprit. Iront-ils à cheval au jour du Jugement Dernier, comme je le fais présentement sur le *Bouraq*, et rejoindront-ils ainsi leurs demeures célestes au Paradis?» Gabriel lui dit alors:

> *(Rappelle-toi) le jour où Nous rassemblerons les pieux sur des montures et en grande pompe, auprès du Tout Miséricordieux.*
> *(19:85)*

Alors, plein de joie, le Prophète s'élança en chevauchant le *Bouraq*. Gabriel empoigna fermement les rênes pendant que Michaël maintenait la selle, et Israfil le tapis de selle. Le *Bouraq* se déplaça dans l'espace en un clin d'œil, et ils atteignirent le lieu de leur premier arrêt, lequel se trouvait au milieu du désert. Gabriel dit: «Ô Mouhammad, descends prier Dieu en cet endroit.» Le Prophète lui demanda: «Quel est ce lieu?» Et Gabriel répondit:

«C'est la terre où tu émigreras, et elle deviendra ta seconde cité.» C'était la ville de Yathrib, non loin de la Mecque, qui serait plus tard appelée al-Madina.

Et, aussi vite que la première fois, ils traversèrent l'espace et firent halte une seconde fois. De nouveau, Gabriel dit au Prophète de descendre, et de prier.

«Quel est ce lieu, Ô Gabriel?» s'enquit le Prophète.
«C'est le Sinaï, où Moïse avait pour habitude de parler avec Dieu.»

Alors, le *Bouraq* s'éleva une nouvelle fois dans les airs, jusqu'à ce qu'il parvint à la troisième place où Gabriel enjoignit à Mouhammad de prier.

«Et maintenant, où sommes-nous donc Ô Gabriel?»
«Tu es à Bethléem, c'est là que Jésus est né et c'est aussi de là qu'il a révélé le message du Roi des cieux et de la terre.»

Et alors que le Prophète se réjouissait de fouler la terre qui avait vu naître Jésus, il sentit quelqu'un passer à sa droite, près de son épaule, et entendit: «Mouhammad! Attends, j'ai une question à te poser.» Mais le Prophète ne répondit pas. Puis, on l'appela de nouveau, à sa gauche, mais là encore il ne dit mot. En définitive, une montagne d'une beauté inimaginable apparut devant lui, revêtue de l'éclat et la richesse de ce monde, et s'adressa à lui avec une voix humaine. Mais, cette troisième fois encore, le Prophète ne dit rien. Puis, il demanda à Gabriel ce qu'étaient ces trois voix.

Gabriel lui dit: «Si tu avais écouté la première, toute ta nation aurait été corrompue car c'est la voix du mal; et si tu l'avais fait pour la deuxième, toute ta nation aurait été composée de tyrans car c'est la voix de Satan. Et, si tu t'étais arrêté pour écouter la montagne ornementée, toute ta nation aurait préféré ce monde à la vie éternelle.»

Puis, continuant son chemin, le Prophète vit deux êtres angéliques de toute beauté, l'un masculin et l'autre féminin. Ils portaient une robe somptueuse, et il émanait d'eux une fragrance venue des cieux. Ils posèrent un baiser entre ses yeux et s'en allèrent. Le Prophète demanda alors à Gabriel qui ils étaient, et l'archange lui répondit: «Ce sont les croyants de ta nation. Ils vivront heureux, ils mourront heureux, puis ils entreront au Paradis.»

Ensuite, un autre ange apparut et mit à sa disposition trois coupes contenant de l'eau, du lait et du vin. Il prit la coupe de lait et après l'avoir bu Gabriel lui dit : « Tu as choisi la coupe de *fitrah*: l'innocence.» Alors un ange-éphèbe s'approcha et offrit au Prophète trois tenues respectivement de couleur verte, blanche et noire. Il prit le deux premières. Gabriel lui révéla: «Le blanc est la couleur des croyants, et le vert est celle du Paradis. Ainsi, tous ceux qui te suivront sont les croyants de ce monde, et tous entreront au Paradis dans l'autre.»

Et alors que le Prophète traversait le lieu où Jésus avait enseigné aux Hommes, il entra dans le Temple de Salomon à Jérusalem. Il y trouva une multitude d'anges qui l'attendaient. Puis, il vit l'ensemble des prophètes, et tous debout et alignés. Il demanda à Gabriel qui ils étaient, et il lui répondit: «Ce sont tes frères prophètes, et ces anges gouvernent tous les autres anges du Paradis.»

Alors, Gabriel fit l'appel à la prière, à la suite de quoi il dit: «Ô Mouhammad, Plus honorable d'entre les êtres au regard de Dieu, procède à la prière.» Le Prophète s'avança et, conduisant la prière prescrite, fut suivi par tous les prophètes et par tous les anges.

Puis Adam dit: «Louanges à Dieu Qui m'a créé de Ses mains, a ordonné aux anges de se prosterner devant moi, et a fait descendre tous les prophètes de ma lignée!»

Puis Noé dit: «Louanges à Dieu Qui a accepté ma prière et m'a protégé, ainsi que mon peuple, du déluge, Qui a envoyé les anges pour nous assister avec le navire, et Qui m'a honoré !»

Puis Abraham dit: «Louanges à Dieu Qui a fait de moi Son ami et m'a offert un vaste royaume, Qui m'a donné des prophètes comme héritiers, et Qui m'a sauvé du feu de Nemrod, me le rendant sûr, frais et reposant!»

Et Moïse dit: «Louanges à Dieu Qui m'a parlé sans intermédiaire, et m'a choisi pour Son message, Qui m'a rendu victorieux contre Pharaon et a envoyé Ses anges me soutenir, Qui m'a donné la Torah et Gabriel m'a enseigné comment l'écrire, et Qui m'a revêtit de Son amour.»

Et David dit: «Louanges à Dieu Qui m'a révélé les Psaumes, Qui a adouci, entre mes mains, le fer et tous les autres éléments, et m'a choisi pour Son message!»

Et Salomon dit: «Louanges à Dieu Qui a soumis les vents à ma volonté, ainsi que les *jinn*, et les êtres humains; Qui m'a enseigné le langage des oiseaux ; Qui m'a offert un royaume qu'Il n'a jamais plus offert à quiconque, et Qui a envoyé tous Ses anges m'apporter leur concours.»

Et Jésus dit: «Louanges à Dieu Qui m'a envoyé au monde comme un Verbe venant de Lui, Qui m'a enseigné la Torah et l'Evangile, Qui m'a permis de guérir le sourd et le muet, ainsi que le lépreux, et Qui m'a donné de ramener le mort à la vie par Sa permission, et m'a assisté de Gabriel et de tous Ses anges.»

Et Mouhammad dit: «Tous, vous avez loué votre Seigneur, et à mon tour je Le loue également Qui m'a envoyé comme miséricorde pour les êtres humains et Qui m'a révélé le Coran, Qui a étendu ma poitrine, Qui a pris mes péchés, Qui m'a élevé, Qui a fait de ma Nation et de l'humanité entière les meilleurs qui soient, et Qui m'a appelé *Bon et Miséricordieux*!»

Et Gabriel dit: «Pour cette raison, Ô Mouhammad, tu es l'ultime Prophète et une Miséricorde pour l'humanité. Ô vous prophètes, Ô vous anges, Ô vous créations parmi les plus grandes et les plus petites, Dieu et Ses anges envoient saluts et bénédictions à Son Prophète! Vous aussi, adressez-lui vos éloges infiniment et vos salutations excellentes. Et renchérissez! La Louange est un ange doté de deux yeux et de deux ailes, il s'envole droitement vers Dieu et implore Son pardon pour le récitant, jusqu'au jour du Jugement Dernier.»

Alors, chevauchant le *Bouraq*, le Prophète continua son chemin accompagné de tous les anges qui étaient venus le saluer. Et, chaque fois qu'il traversait un nouvel univers, il était accueilli par l'ensemble des créatures angéliques qui peuplaient ce cosmos. Ces anges l'honoraient, le paraient de toutes sortes de merveilles et lui présentaient d'innombrables cadeaux. Ils ont posé sur lui les voiles de la perfection, et l'ont investi le détenteur de toute beauté.

Le Prophète entendit ensuite une voix incroyable et si puissante émanant de l'Archange Israfil, et provenant de l'autre côté des voiles du Pouvoir Divin et du Parachèvement Angélique:

«Ô Paradis, Ô cieux! Ô Anges! Ô Montagnes, arbres, océans et rivières! Ô lunes et soleils, étoiles et planètes, Ô constellations! Plongez dans la beauté et la perfection du Prophète. Ô anges et *houris* du Paradis, marchez fiers! Ô création, sois comblée ce soir car nous recevons en notre présence le Maître de l'humanité et le Sceau des Prophètes.»

Une autre voix, venant d'un ange appelé Ishmael, se fit entendre, disant: «Ô célestes marches, apparaissez!» à la suite de quoi l'échelle du ciel, reliée au plus noble et plus élevé des Paradis, le Firdaws, s'abaissa tout le long jusqu'au Temple de Salomon. Les montants de l'échelle resplendissaient, forgés de deux lumières divines: l'une d'améthyste rouge et l'autre de jaspe vert. Tous les croyants verront cette échelle, et ils la graviront. Elle possède cent traverses et s'étend du Temple au Premier Ciel.

Gabriel appela le Prophète ﷺ, et le *Bouraq* monta la première marche. Alors le Prophète vit des anges très diversifiés, et tous de couleur pourpre. Sur la deuxième marche, le Prophète vit des anges vêtus de jaune, sur la troisième les anges étaient de couleur verte et tous le saluèrent, ils lui offrirent de célestes cadeaux qu'il accepta et confia à Gabriel, en *fidéicommis* pour les croyants sur terre. Sur la quatrième marche, les anges-messagers s'approchèrent en disant: «Ô Gabriel, continue ton ascendance car le Seigneur attend!» Et à ce moment, le Prophète s'aperçut que leurs corps subtils brillaient de mille feux, et que leurs visages resplendissaient comme des miroirs en plein soleil.

Puis, il arriva à la cinquième marche et vit un monde prodigieux peuplé uniquement d'anges et qui semblait n'avoir ni début ni fin. Tous louaient Dieu et leurs seules paroles étaient: «Nulle divinité si ce n'est Dieu.» Le Prophète demanda alors à Gabriel: «Combien sont-ils?» car il était subjugué par leur quantité.

Gabriel dit: «Si les cieux et la terre, et la lune et le soleil, et les étoiles et les galaxies étaient réduits en poussières, et que ces mêmes particules étaient entassées, elles ne formeraient pas un dixième des anges présents dans cette marche de l'échelle du Paradis.» Ensuite, le *Bouraq* s'éleva vers la sixième marche. Un ravissement des plus grands attendait le Prophète, et un évènement considérable, qui dépasse toute définition, se produisit. Un ange fabuleux et de couleur blanc d'albâtre, était installé sur un siège d'or blanc bruni, et à ses côtés une nuée d'anges émerveillés, contemplaient de leurs yeux grands ouverts, la divine majesté. L'ange à la blancheur immaculée se leva et dit: «Ô Mouhammad, bienvenue! Je te prie instamment de bénir mon siège en prenant place.» Quand le Prophète ﷺ s'assit sur le siège, ce dernier se mit à fondre à cause de l'amour qu'il éprouvait pour lui, et se changea en une brume aux teintes multiples et incandescentes, chantant les louanges de Dieu. Et de chacun de ses fragments, Dieu créa un autre trône, et pour chaque trône Il créa un ange tout aussi fabuleux que le premier.

Puis, le *Bouraq* avança vers la septième marche et le Prophète aperçut des anges dont l'éclat se substituait à la lumière de sa propre vision, comme lorsqu'à la vue du soleil, notre vision se dérobe. Et à cet instant, il fut capable de voir tout ce que ces anges voyaient. Alors, il s'éleva à nouveau pour atteindre la huitième marche de l'échelle, et là il découvrit uniquement des anges prosternés. Il monta prestement pour atteindre la neuvième marche afin de ne pas les déranger.

Dans cette neuvième étape, il vit des anges d'une nature ineffable. Il les observa avec stupéfaction, saisi par leur création qui dépassait l'entendement. A ce moment, leur chef apparut et dit: «Ô Prophète! Nous t'enrichissons du secret de notre création, et nous t'accordons la compréhension de toutes choses, par la permission de Dieu.»

Puis, le Prophète ﷺ franchit la dixième marche de l'échelle et il vit les anges qui louaient le Seigneur dans toutes les langues créées depuis la naissance de la création. Le Prophète se demanda ce qu'il en était de la création sans limites de Dieu. A la onzième étape, les anges étaient encore plus nombreux que ceux de la cinquième, et il découlait d'eux une infinité de couleurs rayonnantes, et chacune était différente de l'autre. A la douzième marche, le Prophète découvrit des anges dont les visages ressemblaient à des lunes et les yeux à des étoiles. La lumière qui s'en dégageait recouvrait tous leurs mots. A la treizième marche, les anges les plus beaux se manifestèrent, ils étaient les anges de Dieu et ils le glorifiaient de leurs voix douces, tout en jouissant du charme d'un autre monde. Leur musique ne ressemblait à aucune autre, et si une seule de ses notes était entendue sur terre, l'humanité entière s'évanouirait.

A la quatorzième marche, le Prophète vit l'ange Ishmael avec soixante-dix mille anges montés sur des chevaux. Derrière chacun d'eux il y avait un bataillon de cent mille anges créés à partir de l'attribut de Beauté. Et, c'est le devoir de chacun d'entre eux d'apparaître sur terre, au moins une fois pour y déposer sa gracieuse touche. La quinzième à la vingt-quatre marches étaient sous le commandement de l'ange Rouqya'il, qui était à la fois grand et petit, fin et large. La vingt-cinquième étape à la quatre-vingt dix-neuvième étaient présidée par l'ange Qala'il. Sa main droite était sous le premier ciel. Et, entre ses doigts, sept-cent mille anges louaient continuellement Dieu. Et, pour chacune des glorifications qu'ils prononçaient, des colliers de perles s'échappaient d'entre leurs lèvres. Le diamètre de chaque perle est de cent-trente km. Et pour chaque perle, Dieu a créé un ange qui veille sur elle et la garde comme dépôt pour l'humanité, jusqu'à ce qu'elle entre au Paradis.

Enfin, le Prophète ﷺ vit un trône immense fait d'une matière rare et précieuse autre que l'or, et érigé sur cinq colonnes. Chaque colonne était dotée de deux ailes, et chaque aile faisait cinq fois la constellation de notre monde. Sur chacune de ces ailes, cinquante-mille anges s'étaient établis et tous demandaient pardon pour l'être humain, chacun dans un idiome différent des autres et cependant tous en totale harmonie, leur voix angélique faisant se dissoudre les pierres des sept terres. De chacune de leurs larmes, Dieu créa cinquante-mille anges dont la mission était aussi de solliciter le pardon pour l'Homme, à la manière des autres anges et dans bien davantage de dialectes qu'eux. Alors, le trône s'adressa au Prophète et lui dit: «Moi et les anges qui m'escortent avons été créés pour transporter les humains aux degrés qu'ils occupent au Paradis.» Puis, le trône invita le Prophète à s'asseoir sur lui, et lorsque le Messager s'exécuta, il ressentit un bonheur tel qu'il n'en avait jamais connu de pareil.

Le Premier Paradis: La Demeure de Paix

La Prophète atteignit la centième marche, et là il entendit les anges du Premier Ciel qui louaient et glorifiaient leur Seigneur. Cet endroit s'appelait *Dar al-Salam*, soit la Demeure de Paix aux cent-vingt-quatre mille portes. Chacune d'elles représente un prophète. Gabriel frappa à la porte réservée au Prophète Mouhammad. De l'intérieur, une voix se fit entendre: «Qui est-ce?»

Et Gabriel répondit: «Gabriel et le Prophète Mouhammad.»

La voix demanda: «L'a-t-on envoyé chercher?»

Et Gabriel dit: «Oui, il a été appelé à se rendre en Présence Divine.»

La porte s'ouvrit alors. L'ange Ishmael s'approcha sur son cheval de lumière, vêtu d'un habit de lumière, avec un bâton de lumière. Dans sa main droite, Ishmael portait tous les actes réalisés par les êtres humains le jour, et dans son autre main, tous les actes de la nuit. Un cortège d'un millier d'anges l'accompagnait.

Ishmael dit: «Ô Gabriel, qui donc est avec toi?»

Il répondit: «Le Prophète Mouhammad, que la paix soit sur lui.»

Ishmael demanda: «L'a-t-on envoyé chercher?»

Et Gabriel affirma que tel était le cas.

Alors le *Bouraq* fut invité à se poser dans le premier Paradis, le plus proche du monde. Il est également appelé *al-sama al-dounya*: le Ciel le plus proche. Ce Paradis peut être comparé à une vague se lovant en plein ciel; Dieu lui a parlé et lui dit: «Sois d'émeraude rouge», et c'est ce qu'elle fut. La louange de ses habitants est *Soubhana dhil Moulki wal Malakout*, sois «Loué sois le Possesseur des Règnes Terrestres et Célestes.»

Alors, scrutant le Premier Ciel, le Prophète ﷺ vit un ange qui avait forme humaine. Toutes les actions inhérentes aux êtres humains lui sont exposées. Si l'âme d'un croyant vient à lui, il l'envoie au Paradis; et si c'est celle d'un non-croyant, il demande pardon en son nom. Lorsque le pardon est accordé, il la déplace elle-aussi au Paradis. Il possède une tablette de lumière suspendue entre le trône, où elle est accrochée, et le premier ciel. Il y inscrit les noms de ceux qui sont envoyés au Paradis. Puis, le Prophète ﷺ vit un homme doué de pouvoirs angéliques, vers qui il se sentait irrésistiblement attiré. Lorsqu'il demanda qui il était, Gabriel lui répondit: «C'est Adam, ton père.» Adam salua l'archange puis s'adressant au Prophète, lui dit: «Bienvenue au bon fils et au juste Prophète.»

Deux portes se trouvent à la droite et à la gauche d'Adam. Lorsqu'il regarde à droite, il est plein de joie et lorsqu'il regarde à gauche, il sanglote. Le Prophète interrogea Gabriel sur la nature de ces deux portes. L'archange lui répondit: «Celle de droite est la porte du Paradis et des Gratifications. Quand Adam voit ses enfants la pénétrer, il sourit car il est en joie. La porte de gauche s'ouvre sur les châtiments et le feu. Quand Adam voit ses enfants y entrer, il pleure de douleur. De chacune de ses larmes, Dieu crée un ange qui implorent le pardon pour eux jusqu'au jour du Pardon, où ce dernier leur sera accordé et alors, ils entreront à leur tour au Paradis.»

Puis, les anges se mirent à déclamer un poème:

Il me tarde de rencontrer cet être unique
Parmi la création de Dieu!
Aucun bien-aimé n'est plus pur et plus élevé que lui;
Le bien-aimé de Dieu est Son serviteur, Le Loué
Lui dont le nom a été distinct
Du nom du Plus Glorieux.
A lui appartiennent les attributs qu'aucune rhétorique
Ne sait exprimer.
C'est assez d'honneur qui a vu la lune se fendre en deux pour lui.
Que demandes-tu de plus que Dieu peaufinant sa beauté?
Et en vérité, Dieu l'a pourvu du caractère le plus élégant.
Et en vérité, Dieu a fait que sa lumière soit de la grâce la plus éminente.

Et Il l'a nommé «bien-aimé » avant d'établir la création.
Et c'est la cause de sa lumière qui fit brunir le soleil,
C'est son irrésistible lumière qui a emplit le firmament,
Les nuages ont révélé là un grand miracle,
Puis ils s'en sont allés,
Tel un troupeau sauvage,
Et le tonnerre frappa, et la pluie se répandit
Lui obéissant « sur simple demande».
Et que désirer de plus qu'une pierre, durant sa marche,
Adoucie sous ses pieds enveloppés de sandales,
Quoique tu n'aies pas vu ses empreintes
Quand il foulait le sable?
Dieu l'a élevé à Sa présence
Et au monde angélique.
N'ayant été pour lui, il n'y aurait jamais eu de Paradis,
Jamais eu de ciels, jamais eu de terre.
Mais quel honneur Dieu lui a-t-Il conféré! Quand Il
Accorda dix salutations à celui qui ne lui en enverrait qu'une seule!»

Ils voyagèrent ensuite durant cinq-cent mille années lumières au sein du radius du Premier Paradis. Le *Bouraq* se déplaçait plus vite que la vitesse de la lumière, chacun de ses pas atteignant le lieu où se posait sa vision. Tous les espaces qu'ils traversaient étaient remplis d'anges dont le nombre n'est connu que du Créateur Seul, ils récitaient leurs louanges et Le glorifiaient sous des formes infinies. Il n'y avait pas le moindre espace où un ange ne se trouvait pas prosterné. Ils étaient de toutes tailles, petits et grands. Une voix dit alors: «Ô Mon bien-aimé Mouhammad! Tous ces anges Me glorifient, et J'envoie toutes ces louanges à l'humanité, telles d'éternelles vagues de bénédictions angéliques, pour l'assister dans sa vie quotidienne et la guider à travers tout ce qui peut lui arriver. Ces faveurs aideront les hommes et les femmes à progresser dans leurs modes de vie, et elles leur ouvriront toutes sortes de connaissances des mondes physiques et spirituelles. Je les ferai élever via ce pouvoir angélique, et ils seront alors à même d'entrer Mes Paradis lorsqu'ils s'avanceront dans Ma Divine Présence.»

Le Deuxième Paradis: La Demeure de Constance

Puis Gabriel ordonna au *Bouraq* d'emmener le Prophète ﷺ au deuxième Paradis dont le nom est *Dar al-Qarar*, la Demeure de Constance. Il frappa à l'une de ses portes, édifiée à partir d'une substance céleste que le langage des Hommes ne saurait nommer. L'ange Jarja'il s'approcha alors, accompagné de mille processions d'anges virtuoses, dont la musique était plus puissante et euphorique que celle des anges du Premier Paradis. Une voix dit:

«Qui est-ce?»
«Gabriel.»
«Qui t'accompagne?»
«Mouhammad, le Prophète de Miséricorde.»

Et les portes s'ouvrirent. Le Prophète aperçut des anges dont les visages ressemblaient au disque géant du soleil, ils étaient à dos de cheval, ceints de lances et d'épées célestes. Le Prophète demanda: «Ô Gabriel! Qui sont-ils?» Et l'archange répondit: «Ce sont les anges que Dieu a créés pour défendre les êtres humains contre les démons. Leur louange est: *Soubhana dhil Izzati wal Jabarout*, soit «Gloire au Seigneur de la Toute Puissance», et ils portent des turbans de couleur jaune. Lorsqu'ils prient Dieu, leurs turbans tournent sur leurs têtes et irradient une lumière dorée exaltant celle du soleil. Une autre lumière rayonne également, elle fait fuir les démons et chasse la médisance du cœur des croyants.

Puis, le Prophète ﷺ vit deux hommes très beaux assis sur un trône de rubis rouges. Il demanda «Qui sont-ils?» Et Gabriel répondit: «Ce sont des parents à toi, John et Jésus.» Jésus était de nature roussâtre, comme si sa peau avait pris le soleil. Les anges s'approchèrent du Prophète par légions, pour lui rendre hommage chacun leur tour. Dieu allongea le temps de telle sorte qu'une seule seconde suffisait pour les saluer et prier avec eux tous, car le temps de la prière était arrivé. John et Jésus firent ensuite leurs adieux au Prophète, et Gabriel commanda au *Bouraq* de se rendre au troisième paradis.

Le Troisième Paradis: La Demeure d'Eternité

Le Prophète se déplaça dans l'espace, et la durée de son voyage fut à nouveau de cinq-cent mille années lumières, alors il arriva au troisième Paradis. Il est appelé Dar al-khuld, soit la Demeure d'Eternité. Tandis qu'ils approchaient, ils entendirent le grondement de voix puissantes tout autour d'eux. «C'est là l'écho des anges louant leur Seigneur» dit Gabriel. Et comme ils se rapprochaient davantage, ils entendirent la musique des anges qui inspirait le mouvement orbital des mondes célestes. Gabriel s'arrêta près d'une porte en cuivre bruni, d'essence angélique, et frappa. De l'autre côté de la porte, une voix demanda «Qui est là?»

> «Gabriel, Mouhammad est présent avec moi.»
> «L'a-t-on envoyé chercher?»
> «En effet.» Et, la porte s'ouvrit.

Le Prophète entra et vit un ange qui changeait sans cesse d'apparence. Et, comme il était différent à chaque instant, sa couleur l'était aussi. Il semblait à la fois changeant et immuable, se métamorphosant en un éclair comme une série de clichés dans un film, figés dans leur espace. Derrière cet ange, se tenaient sept-cent mille autres, et tous se transformaient comme lui, changeant de couleur, tels d'innombrables kaléidoscopes. Leurs pieds atteignaient les sept terres. Et leur mélodieuse glorification disait: *Soubhana al-hayy al-qayyoum alladhi la yamout*, soit «Gloire au Vivant, Celui Qui subsiste par Lui-Même et ne meurt jamais!» Leur chant attirait tous les mondes célestes dans une joie indicible qui répandait la miséricorde sur terre et sur ses habitants. Le Prophète demanda à Gabriel d'interroger l'ange sur cette musique, il souhaitait savoir si les êtres humains étaient capables de l'entendre. L'ange répondit: «Celui ou celle qui découvre son pouvoir angélique et se connecte avec nous, entendra cette mélodie et recevra les faveurs que nous recevons lorsque nous prononçons cette louange.» Puis, l'ange récita:

> *Mystérieuse Réalité! Cœur angélique de l'éclat,*
> *Empire du pouvoir, brillant dans l'impérissable lumière*
> *Ancrée dans son armature, d'une absolue beauté,*
> *Son essence procède du cœur intronisé d'Adam,*
> *Pareil au Tout-Miséricordieux, institué sur Son Trône.*
> *La quintessence de la lumière des anges se manifeste en Adam,*
> *Elle s'attèle à la promesse de Dieu, et celle-ci s'accomplit,*
> *C'est le privilège qu'Il a donné à l'humanité entière.*
> *Ici, apparaît la connaissance de la lumière Divine*
>
> *Connue uniquement des vertueux, car eux-seuls peuvent voir.*
>
> *Et là où resplendit Sa connaissance, l'imperfection se soustrait,*
>
> *Et les préoccupations mondaines perdent tout intérêt, et finissent par disparaître.*
>
> *Ici se termine et commence le lieu de rapprochement*
> *Où les purs s'enracinent, lumières sur lumières.*

Alors qu'ils avançaient, ils virent un homme d'une beauté si éminente que près de lui, toute chose devenait insipide. «C'est

Joseph, le Prophète» dit Gabriel. Le Prophète Mouhammad s'approcha de lui et le salua, Joseph fit de même en retour et de la meilleure façon qui soit, à la manière d'un ange céleste. Gabriel dit alors: «C'est de l'éclat émanant de Joseph que naquit la beauté de tous les êtres humains. Il est la splendeur de la pleine lune, du soleil et des étoiles.» Les cœurs de pierre se mettent à fondre quand ils aspirent ardemment à découvrir cette noblesse angélique. Et les cœurs sensibles ne peuvent espérer approcher son secret: à cause de son pouvoir extrême ils s'évanouiraient immédiatement, et s'éteindraient en lui. Le sens en est de la douceur dans la douleur nostalgique de l'amour: le voisinage de la beauté est, dans son absence, plus doux et plus aimable que son étreinte et sa possession. Car la conquête du bien-aimé entraîne la satisfaction du soi inférieur, alors que demeurer dans l'affliction du bien-aimé est meilleur que l'aisance et le contentement.

Derrière Joseph, il y avait une foule humaine immense, et tous portaient des robes angéliques radieuses. Le Prophète demanda : «Qui sont ces gens, Ô Gabriel?» Il lui répondit: «Là, Dieu a créé sept-cent mille colonnes au Paradis; sur chacune de ces colonnes, il y a sept-cent mille joyaux de couleur grenat; chacun de ces joyaux contient sept-cent mille palaces; dans chacun de ces palaces il y a sept-cent mille pièces, et dans chaque pièce il y a sept-cent mille fenêtres. Ces appartements sont habités par des êtres humains qui présentent des pouvoirs angéliques, ils passent toute leur vie à s'aimer les uns les autres, à aimer la nature. Leurs cœurs sont emplis d'amour pour Moi et les bas instincts leurs sont étrangers. Ils se languissent de Moi, et Je Me languis d'eux. Tous les jours, ils apparaissent à leurs fenêtres et observent les gens du Paradis. Une extraordinaire lumière jaillit de leur beauté, de la même façon que le soleil jaillit des fenêtres célestes et répand sa lumière sur les êtres de la terre. Alors les gens du Paradis disent: «Laisse-nous aller vers les Amoureux de Dieu.» Et aussitôt qu'ils arrivent auprès d'eux, ces Amoureux les

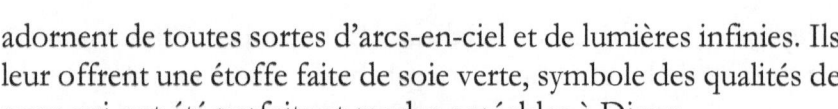

adornent de toutes sortes d'arcs-en-ciel et de lumières infinies. Ils leur offrent une étoffe faite de soie verte, symbole des qualités de ceux qui ont été parfaits et rendus agréables à Dieu.»

Le Quatrième Paradis: le Jardin Refuge

Puis, Gabriel fit l'appel à la prière et le Prophète la mena au milieu de tous les habitants du Paradis. Alors le *Bouraq* s'envola de nouveau pour cinq-cent mille années lumières, se dirigeant vers le quatrième ciel appelé *Jannat al-Ma'wa*: le Jardin Refuge. Là, ils entendirent une voix associant anges et esprits. La porte était moulée dans l'argent, posée sur un parquet en or. A nouveau, la voix derrière la porte demanda: «Qui est là?» Et Gabriel répondit «Mouhammad.»

«L'a-t-on envoyé chercher?»
«Oui.» Et la porte s'ouvrit.

Le Prophète ﷺ vit des anges en position debout, assise, couchée et prosternée. Ils récitaient des louanges disant: *Soubhan al-malik al-qouddous rabb al-mala'ikati war rouh*, soit «Gloire au Roi Très-Saint, le Seigneur des anges et de l'Esprit!» Le Prophète demanda à Gabriel: «Ô Gabriel, n'est-ce pas là la prière de mon grand-père Abraham?» Et, Gabriel répondit: «Oui, c'est ainsi que ton grand-père Abraham avait coutume de prier, et Dieu était si ravi de cette prière qu'Il créa une multitude d'anges pour remplir le quatrième ciel. Il leur enjoignit de répéter cette louange. Et, si quelqu'un la récite parmi les êtres humains, Dieu lui accordera des faveurs au nombre de ces anges.»

Ensuite, le Prophète aperçut deux anges, l'un de pur cristal aussi transparent que l'eau de source, et l'autre d'une densité comme de l'eau salée. Gabriel dit: «Le premier est l'ange d'eaux douces. Il transporte tous les océans de cet univers sur son pouce droit. Le second est l'ange des eaux salées. Il porte tous les océans de cet univers sur son pouce gauche. Ces anges sont responsables de la survie de la création qui dépend de l'eau douce ou salée. Celles-ci se rencontrent sans se mélanger comme Dieu l'a dit:

Il a donné libre cours aux deux mers pour se rencontrer; il y a entre elles une barrière qu'elles ne dépassent pas. (55:19-20)

Derrière eux le Prophète ﷺ vit des «anges-oiseaux», posés sur la rive d'un imposant fleuve du Paradis. Quand un être humain sur terre dit: «Nulle divinité si ce n'est Dieu», l'un de ces anges-oiseaux déploie ses ailes. Si la personne dit: «Gloire à Dieu», l'ange entre dans le fleuve et s'y baigne. Quand elle dit «Louange à Dieu», l'ange pénètre au fond de l'eau. Et, lorsque quelqu'un dit «Dieu est Plus Grand», cet ange sort de l'eau. Quand il dit «Nulle force et nulle puissance, si ce n'est en Dieu», l'ange-oiseau bat des ailes, soixante-dix mille gouttes d'eau se mettent à tomber et de chacune d'elles, Dieu crée un ange qui implore le pardon pour cet être jusqu'au jour du Jugement Dernier. De plus, Dieu ordonne que soient inscrites quarante-mille rétributions dans son livre, et Il les garde pour lui jusqu'à sa résurrection.

Puis le Prophète vit un homme adossé sur les Livres des Hommes, dans lesquels étaient notifiés tous leurs actes. Le Prophète demanda: «Qui est-ce?» Gabriel répondit: «C'est le Prophète Idriss, que la Paix soit sur lui.» Le Prophète s'approcha d'Idriss et le salua, qui fit de même en retour en disant: « Bienvenue au frère vertueux et au prophète excellent.» Au-dessus de sa tête, le Prophète vit un dôme lumineux sur lequel était inscrit: «Nulle divinité si ce n'est Dieu, et Mouhammad est Son Messager.» Le Prophète regarda à l'intérieur et vit un vieil homme respectable. Il avait une barbe éclatante, et était ceint d'un turban d'une absolue blancheur. Le Messager demanda: «Qui est-ce, Ô Gabriel?» Et, il lui répondit: «C'est l'ange figurant le Prophète Idriss.» Le Prophète ﷺ le salua alors et lui dit: «Ô mon frère! Dieu t'a élevé et t'a honoré, tu as pénétré le Paradis avant moi et tu as goûté à sa volupté.» Idriss dit: «Ô Bien-aimé! Au départ, je n'ai pas intégré le Paradis, et je n'ai pas vu non plus toutes les grâces qu'il renferme. Mais, lorsque j'ai quitté le bas monde, je suis arrivé devant un jardin. Devant moi il y avait une porte sur laquelle était gravé: «Personne ne pénètre au-delà de cette porte avant Mouhammad et sa nation.» Alors j'ai demandé à Dieu «Pour l'amour de mon petit-fils Mouhammad, laisse-moi entrer.» Et Dieu me laissa entrer, c'est donc grâce à toi que je suis dans cet endroit.» Puis Idriss récita:

> *«Cette Halte est un refuge, elle est recherchée par tout un chacun,*
> *Cette station sublime où tous s'inclinent, subjugués*
> *Et où le noble Messager se tient d'aplomb, doué de force et de sagesse,*
> *Station de guidance et de lumière des anges,*
> *Là où les ténèbres de malheur et le chagrin des orphelins*
> *Sont effacés une fois pour toutes et pour toujours.*
> *Station de transmission immédiate,*
> *Et un ancrage inébranlable pour ceux résolus à atteindre la réussite.*
> *Le Tout-Miséricordieux l'a appelé Son bien-aimé,*
> *Et, de l'univers entier il est le bien-aimé.*
> *De sa lumière a éclos la lumière de toute vie.»*

Le Cinquième Paradis: Le Jardin de Beauté et de Félicité

Le Prophète voyagea à nouveau pendant cinq-cent mille années lumières, puis il arriva au cinquième Paradis, appelé *Jannat al-naim*: «le Jardin de Beauté et de Félicité.» Sa porte était célestement constituée d'or et d'argent. Gabriel frappa et une voix dit: «Qui est-ce?»

«Gabriel, et le Prophète, que la Paix soit sur lui, est avec moi.»
«L'a-t-on envoyé chercher?»
«Oui.»
«Bienvenue au Bien-aimé, dans le cinquième Paradis!»

La porte s'ouvrit alors et le Prophète ﷺ vit cinq femmes d'une beauté absolue, leur lumière irradiait tant au milieu de tous leurs serviteurs qu'on les aurait pris pour des diamants entourés de cinq perles précieuses.» Son cœur fut emporté vers elles, et il demanda à Gabriel: «Qui sont-ces femmes?»

L'archange répondit: «Voici Eve, la mère de tous les êtres humains, et la Vierge Marie, mère de Jésus; voici la mère de Moïse, Yàukabid, et voici Assia, l'épouse de Pharaon.» La cinquième femme était comme le soleil au milieu des étoiles. Sa lumière illuminait gracieusement tous les habitants de ce Paradis, comme une douce brise qui passe à travers les feuilles des arbres.

Gabriel dit: «C'est l'ange figurant ta fille Fatima, Ô Prophète!»
Le Prophète demanda alors: «Ô Gabriel, quel est le secret de ce Paradis?»

Gabriel lui répondit: «Dieu a créé ce Paradis pour réfléchir la beauté et la perfection de la gente féminine. La lumière de ce Paradis est la source de l'éclat angélique que possèdent toutes les femmes sur terre. Elles ont été créées pour porter le mystère de la création en elles-mêmes. Dieu les a grandement honorées en faisant de leurs utérus le réceptacle de Sa Parole qui symbolise l'Esprit. Il pose Son regard sur l'espace le plus sacré, et c'est là que descendent Sa miséricorde et Ses faveurs. Il a parachevé cet endroit, et l'a recouvert de trois couches protectrices, pour le protéger de tout dommage. La première strate est de lumière, la deuxième est d'amour, et la troisième est de beauté. Et, c'est là qu'Il façonne et établit l'être humain selon Sa ressemblance, comme l'a dit le Prophète ﷺ : «Dieu a créé Adam selon Sa ressemblance». Il a ordonné aux anges de la matrice d'achever Sa création en inspirant la vie à cet être, et en instillant la beauté, la santé, et l'intelligence en lui, de même que l'ensemble des divers attributs qui le rendront unique parmi ses semblables humains.»

«Les femmes ne sont pas créées plus faibles, mais plus généreuses que les hommes. Elles sont également créées plus belles, et moins cruelles que les hommes, car ce qui est beau déteste nuire à autrui. Pour cette raison, elles semblent fragiles aux yeux des hommes, alors qu'en réalité il n'en est rien. Les anges sont les plus puissantes créatures, et les femmes sont plus proches du règne angélique que les hommes, car elles sont davantage disposées à porter la lumière des anges. Ce sont les convenances de la bienséance et l'éthique spirituelle qu'elles possèdent, qui les rendent moins contraignantes que les hommes. Et cependant, même physiquement elles demeurent extrêmement solides. Elles supportent littéralement tous les cataclysmes physiques, sans jamais faillir, préservant ainsi la naissance de l'enfant. Elles sont confrontées aux pires maux physiques et triomphent davantage que les hommes, car Dieu leur a donné d'assurer la survivance des générations.»

«Dieu a accordé aux femmes cinq qualités angéliques dont les hommes disposent rarement. Elles sont la source de toute paix, puisque Dieu dit les avoir créées *«afin que vous viviez en tranquillité auprès d'elles.»* (30 :21) C'est l'attribut du Premier Paradis que l'on nomme «Demeure de Paix.»

❖ Elles sont les oasis de la stabilité au milieu du chaos et des transformations. C'est pour cela qu'elles donnent la vie, puisque la mère nourrit et réconforte l'enfant plus sûrement que ne le fait le père. Et c'est là l'attribut du Deuxième Paradis, appelé «Demeure de Constance.»

❖ Elles perpétuent les générations. A travers leurs progénitures, Dieu crée les éternels prophètes et les saints qui instaurent sa souvenance perpétuelle sur terre, comme les anges le font au Ciel. Et, c'est là l'attribut du Troisième Paradis appelé «Demeure d'Eternité.»

❖ Elles sont bienveillantes et généreuses dans leur charité. Elles sont décrites comme «les plaines fertiles» dans toutes les Ecritures car elles donnent sans compter, et ce jusqu'à leur vie même.

❖ Elles se sacrifient pour l'amour d'une autre création, et c'est là l'attribut du Quatrième Paradis appelé «le Jardin Refuge.»

❖ Pour résumer, elles sont la source de Beauté. De par leur douceur et leur finesse, Dieu a ceint la terre avec le diadème de l'angélique grâce. Et c'est là l'attribut du Cinquième Paradis appelé «le Jardin de Beauté.»

Le Sixième Paradis: Le Jardin d'Eden

Le Prophète voyagea de nouveau sur le *Bouraq*, cinq-cent mille années lumières durant. Et alors qu'il avançait vers le Sixième Paradis appelé Jannat Adn, soit «le Jardin d'Eden», il vit une infinité de nations d'anges couleur safran, debout sur des piédestaux en marbre rose. Ils possédaient un millier d'ailes, et sur chacune d'elles il y avait un millier de visages. Chaque visage était pourvu d'un millier de bouches, et toutes disaient : «Loué sois le Seigneur de Majesté et de Magnificence!» Gabriel frappa à la porte du Sixième Paradis, laquelle était constituée d'aigues-marines, ainsi que d'or. Comme toujours, une voix derrière la porte demanda qui était présent, et la réponse fut: «Gabriel, et le Prophète, que la Paix soit sur lui, est avec moi.» «L'a-t-on envoyé chercher?» dit la voix. «Tout à fait.» répondit Gabriel. La porte s'ouvrit alors. Le Prophète entra et ce qu'il vit dépasse l'entendement, et tout ce qui a pu être transcrit dans les livres, toutes les légendes et tous les contes de fée, toutes les histoires connues.

Dans une quiétude absolue, des étoiles dorées, incrustées de pierres, se mettent à miroiter. Et, en-dessous de chaque perle, cinquante-mille anges tournoient dans une étendue de galaxies et émettent une vibration céleste qui s'apparente au bruissement d'un million-million d'oiseaux de concert avec le bourdonnement d'un million-million d'abeilles. Toute chose se déplaçait à la vitesse de la lumière, et dans le même temps, toute chose était à l'arrêt, immobile et silencieuse. Chacun des anges exprimait ses hommages au Prophète, à l'unisson et dans un langage différent des autres, mais de manière si distincte et sans que leurs paroles ne s'entrechoquent. Leurs expressions étaient cordées de diadèmes et de guirlandes étincelantes, et le Prophète posa les unes sur sa tête et les autres, il les enfila autour de son cou. Un ange immense du nom de Semlail apparut à la tête de dix mille processions d'anges semblables aux premiers. Ces anges portaient une couronne de grenats multicolores et récitaient les louanges à Dieu dans une langue angélique telle que les autres anges se pâmaient d'admiration et s'en trouvaient élevés. Ils étaient les *karoubiyyun* ou chérubins. «Les Rapprochés.» Personne sur terre ne peut les voir et rester en vie à cause de l'intensité de leur lumière, qu'ils empruntent à Celui qu'ils regardent.

Le Prophète demanda: «Ô Gabriel! D'où vient cet écho céleste si épuré?»

L'archange répondit: «Ô Prophète! C'est la musique des esprits angéliques en présence de leur Seigneur, frissonnant comme des pétales, n'osant ni parler ni se mouvoir, pris d'une irrésistible stupeur et annihilés par la perfection, et cependant vivifiés et émus par la divine Lumière, ils se hâtent pour la divine rencontre et s'empressent d'annoncer ta venue.»

Le Prophète vit un ange couleur de miel d'une absolue splendeur, et d'une majesté encore plus supérieure, de telle sorte que celle-ci triomphait de sa beauté. Il avait une chevelure très dense et une barbe abondante d'où émanait des éclairs éblouissants, comme la foudre. Son visage était austère, mais avec des yeux d'enfants. Son buste colossal se soulevait, comme si un volcan en éruption s'était installé sous sa céleste étoffe brochée. Et quand le Prophète s'enquit de savoir qui il était, Gabriel lui dit: «C'est ton frère Moïse. C'est lui qui a prié six fois sur le Mont Sinaï afin de n'être qu'un simple serviteur de ta Communauté. Il est celui qui a vaincu les tyrans, et porte le secret de son père Jacob. Dieu l'a marqué du caractère d'un serviteur impétueux. C'est pour cette raison qu'il s'est approché du buisson ardent, et qu'il n'était pas effrayé quand le Seigneur souhaita lui parler.»

Moïse pleurait. Il dit au Prophète: «Ô Prophète de la Communauté Dernière! Intercède pour moi et mon peuple.»

Le Prophète dit alors: «Pourquoi pleures-tu, Ô Moïse?»

Il répondit: «Je pleure par amour pour toi, pour le grand honneur que Dieu t'a accordé et dans lequel Il t'a élevé, et pour lequel Il a fait ta Communauté nombreuse comparée aux autres plus petites, la mienne notamment. Ô Mouhammad! Tu es le sceau des prophètes et la lumière de la création. En ce jour, Dieu t'élève à Sa présence et à un rang que nul ne saurait atteindre. Souviens-toi de moi quand tu l'atteindras car Dieu t'a fait intercesseur pour toute l'humanité, incluant les prophètes d'Adam à Jésus. Puis il récita:

> «*Ô Prophète, lui qui jaillit de la lignée d'Hashim,*
> *Amoureux éperdu de Lui Qui est glorifié,*
> *Qui scelle tous les livres révélés à l'humanité.*
> *Qui ouvre les précieuses connaissances sublimes*
> *Qui a monté le Bouraq pour s'élever vers son Seigneur,*
> *Le Dieu en présence de Qui personne ne s'est jamais tenue,*
> *Et s'est approché du lieu où seuls les anges se rapprochent*
> *Ô Messager de Dieu, devant qui vents et nuages vont et viennent*
> *Pour laisser grand ouvert une myriade de routes éclatantes qui toutes mènent à la lumière céleste.*
> *A ton intercession les âmes humaines aspirent et en appellent*
> *Ô Prophète à la vue duquel la vision des anges se délecte!*
> *C'est pour toi que le Paradis fut créé et ornementé,*
> *Pour toi que le Lotus de la Limite se tient debout*
> *Et qu'il porte le fruit de la compassion en chaque terre.*
> *Ô bien-aimé Mouhammad, que Dieu nous accorde d'être*
> *Pour toujours marqués de, et dans, ta noble troupe.*»

Le Septième Paradis : *Jannat al-Firdaws*

Après un voyage de cinq-cent mille années lumières, le Prophète atteignit le Septième Paradis nommé *Janat al-Firdaws*, et dont la voute caresse le Trône Céleste. Il frappa à la porte, celle-ci était faite d'émeraudes, de topazes, de béryls et d'or purs. Après être entré, il vit un autre portail luminescent d'où l'on entendait s'échapper les louanges des anges cachés. Ces anges étaient maintenus dans le secret à cause de leur beauté renversante: celui qui poserait un seul regard sur eux mourrait de stupeur. Leur cantique était simplement: «Louanges au Créateur de la Lumière!» Et, au-delà, il n'est pas permis d'aborder leur sujet. Le Prophète les salua du salut de paix, et entreprit de franchir le portail d'or menant vers un dôme de lumière qui surpassait tous les autres cieux qu'il avait parcouru, bien que la distance entre le sixième et le septième ciel était la même que celle entre chaque strate du Paradis.

A l'intérieur du dôme, le Prophète aperçut un être angélique qui lui ressemblait dans tous ses aspects, adossé contre un mur de soie blanche qui donnait l'impression d'onduler comme une cascade, tout en étant fermement établi. Le Prophète demanda qui il était, et Gabriel lui dit: «C'est ton grand-père Abraham, le guide des cœurs purs et un grand parmi les prophètes.» Abraham dit alors: «Bienvenue au fils vertueux et Prophète excellent!»

Autour d'Abraham se tenaient des anges, têtes couronnées. Chacune de leur couronne présentait quatre-cents diamants, et chaque diamant valait davantage que tout ce que peut contenir la terre. Ils avaient à leur service une multitude d'anges ceints de la même lumière que les anges précédents, et tous récitaient le Verset du Trône. Gabriel dit: «C'est le verset qui maintient fermement l'équilibre de l'univers. C'est là le secret de l'harmonie de la Création.» Puis les anges se mirent à réciter:

> *Dieu ! Point de divinité à part Lui,*
> *Le Vivant, Celui qui subsiste par lui-même.*
> *Ni somnolence ni sommeil ne Le saisissent.*
> *A Lui appartient tout ce qui est dans les cieux*
> *Et sur la terre.*
> *Qui peut intercéder auprès de Lui sans Sa permission?*
> *Il connaît leur passé et leur futur.*
> *Et, de Sa science, ils n'embrassent*
> *Que ce qu'Il veut.*
> *Son Trône déborde les cieux et la terre, dont la garde ne Lui coûte aucune peine.*
> *Et Il est le Très Haut, le Très Grand. »*[1]

Eux circumambulent autour de l'édifice sur lequel Abraham s'est adossé, ils sont les univers entiers, les pléiades angéliques des sept cieux, les anges de la miséricorde et les anges du courroux, les anges de la beauté, les anges rapprochés, les anges de grande et de petite taille. Ils sont les anges visibles et invisibles, et tous les êtres humains dont les célestes âmes ont été purifiées et élevées à la divine présence, les prophètes, les saints véridiques, les martyrs, les vertueux, et toutes les créations. Tous tourbillonnent, dans le sens unique des aiguilles d'une montre, pareils à chacun des corps célestes tournoyant autour de la Kaaba des cieux. Le Prophète dit alors: «Ô Gabriel, Qu'elles sont sublimes les extraordinaires merveilles de mon Seigneur!» Et

---

[1] Surat al-Baqara, 2:255

Gabriel lui répondit: «Ô Mouhammad! Ce n'est là qu'un atome des trésors de Dieu.»

Le Lotus de la Limite

Une fois de plus, le Prophète ﷺ et Gabriel reprirent leur voyage, puis ils s'arrêtèrent à la suprême frontière de l'intellect créé, appelée *Sidrat al-mountaha* soit «le Lotus de la Limite.» Là, ils ne virent rien qui puisse être exprimé ou décrit. Quant à l'effet qu'une telle vision eut sur le Prophète, il s'agit là d'un secret qui prit place dans son cœur. Alors, une résonance se fit entendre, ce qui dissipa quelque peu la stupeur du Prophète. A cet instant, il vit un arbre de taille phénoménal, et qui ne ressemblait à aucun des arbres du Paradis, c'était un arbre qu'aucune description ne pouvait révéler. Il recouvrait tous les Paradis, tous les cieux et tous les univers. Le tronc de l'Arbre était un ange titanesque du nom de Samrafil, et le Prophète ne pouvait rien percevoir au-delà. Il s'étendait à partir d'un indescriptible et infini océan de musc. L'arbre possédait un nombre incalculable de branches, créées d'une substance céleste dont le nom n'était connu d'aucun langage existant. La distance entre chaque branche était de cinq-cent mille années lumières, et sur chacune d'elles il y avait une quantité illimitée de feuilles. Si tous les univers créés étaient placés sur une seule de ces feuilles, ils s'évanouiraient comme un atome dans l'océan. Sur chaque feuille était assis un ange immense, baignant dans une lumière bigarrée. Sur la tête de l'ange était posée une couronne de lumière et dans sa main il tenait un bâton lumineux. Sur son front était inscrit: «Nous sommes les habitants du Lotus de la Limite.» Et leur louange était: «Loué sois Dieu Qui n'a pas de fin.» Leur nom est Saroufiyyoun ou Séraphins, «Les Secrets» car ils émanent du mystère absolu de leur Seigneur.

Quatre sources exceptionnelles s'élançaient du tronc de l'arbre. La première était une eau cristalline, pure et limpide; la deuxième était une rivière lactée; la troisième une rivière d'un vin délicieux et inaltéré; et la quatrième était une rivière de miel pur mélangé d'or. A l'intérieur du tronc est installée la niche de prière de Gabriel, et ses constantes paroles de louange sont:

Allahu Akbar: Dieu est Grand!
Alors, venant d'en haut, la réponse fuse éternellement:
Ana Akbar: Je suis Plus Grand!
Ana Akbar: Je suis Plus Grand!

Gabriel y pénétra et fit l'appel à la prière. Tous les Séraphins se mirent en rangs et le Prophète mena l'oraison. Et lorsqu'elle se termina, tous les Séraphins furent invités à saluer le Prophète, l'un après l'autre. Alors, provenant de derrière la niche de prière de Gabriel, un ange imposant apparut et demanda au Prophète de s'approcher.

Le Prophète et Gabriel entrèrent dans le tronc, et en un éclair, ils avaient en vue toute la création. Au faîte de l'arbre, ils virent Adam, Eve, Noé, Abraham, Moïse, Jésus et tous les autres prophètes qu'ils venaient tout juste de rencontrer. Chacun d'eux était auprès de sa nation respective, leurs âmes communiant avec celles de leurs peuples et avec celles de la communauté du Prophète qui avaient déjà quitté le monde physique. Ils s'étaient posés tous ensembles et en toute joie, s'abandonnant à l'amour Seigneurial de Dieu et à la beauté de Sa miséricorde, tout en ne cessant jamais d'exprimer Ses louanges.

Le Lotus de la Limite porte en son sein la connaissance de l'ensemble de la création de Dieu, depuis le commencement de sa séquence dans le temps. Tout ce qui est créé en fait partie, et demeure contenu en lui. Il fut appelé l'arbre «de la limite la plus éloignée» car toute chose se termine en lui, et au-delà une nouvelle vie commence. Dieu l'a orné de la lumière de Son essence propre. Cet arbre possède trois caractéristiques: un éternel rayonnement qui s'étend sur toute la création, un perpétuel contentement qui atteint tout le monde grâce aux fruits suspendus à ses branches, et une fragrance inépuisable provenant de ses fleurs et suscitant la beauté dans la vie de la création.

Alors Gabriel et le Prophète ﷺ s'avancèrent plus avant. Un ange austère, à l'air grave, apparut et recouvrit tout l'horizon. Gabriel dit: «Ô Prophète! Voici l'ange de la mort, Azrail.» L'ange de la mort s'approcha en disant: «Bienvenue, Ô Mouhammad! Toi qui porte la bienveillance en ton sein, et bienvenue à tous les Prophètes et leurs nations. C'est de cet endroit que de mon puissant regard, j'observe les destinées de chaque être, et d'ici également que je saisis les âmes que j'ai été ordonné d'emmener à la vie éternelle.»

Le Prophète demanda: «Parle-moi de la façon dont tu prends les âmes des mourants.» L'ange de la mort révéla alors au Prophète ce qui suit: «Quand Dieu m'ordonne de prendre l'âme d'un être humain à l'heure ultime de sa vie et à la première de sa vie future, je lui envoie mes substituts qui emmènent avec eux le parfum du Paradis, ils tiennent aussi dans leurs mains une branche de l'arbre paradisiaque qu'ils posent entre ses deux yeux. Quand il respire cette essence délicate et qu'il discerne brièvement cette branche céleste, son âme est attirée, et son âme commence son ascension vers le paradis jusqu'à ce qu'elle atteigne sa gorge. A cet instant, je quitte mon espace, puis je descends et, avec le plus grand soin, je prends son esprit car Dieu veut que ce moment soit le moins pénible pour Son serviteur. Alors, j'emporte son âme au Paradis. Durant la traversée, je passe devant les anges et, à chaque fois, ils lui rendent hommage et la saluent, jusqu'à ce que j'atteigne la présence de son Seigneur. Dieu l'Exalté s'adresse à l'âme et lui dit: «Bienvenue à l'esprit de bien que J'ai créé et placé dans un corps de bien! Ô Mes anges ! Inscrivez la strate la plus élevée du Paradis en récompense pour cet être.» Les anges transportent alors l'âme au Paradis, là où elle verra ce que Dieu a préparé pour elle, et elle sera pleine de contentement. Cependant, Dieu ordonne à l'esprit de retourner dans le corps, sur terre, de là il pourra voir les vivants faire son lavage mortuaire, ses amis et sa famille le pleurer, et tous ceux qui l'auront aimé l'accompagner jusqu'au cimetière. A ce moment, la terre lui dit: «Bienvenue, Ô mon bien-aimé ! Je t'ai tellement attendu, depuis que tu vivais au-dessus de moi. Désormais, tu es en moi et je vais te montrer ce que j'ai décidé de t'offrir.» Et aussitôt, son tombeau sera élargi au-delà de sa vision, puis les deux anges de la tombe viendront à lui pour l'interroger sur son Seigneur et sur sa foi. Il leur répondra de la meilleure manière par la permission de Dieu. Et alors, ils ouvriront une porte menant au Paradis, et son esprit s'élèvera de nouveau vers l'endroit même où Dieu l'avait, originellement, appelé à Sa présence.»

> *Je me souviens quand la mort nous a séparés.*
> *Je me suis consolé avec la pensée du Bien-aimé Prophète.*
> *J'ai dit: «Tous, nous partons de cette manière un jour.*
> *Celui qui ne meurt pas aujourd'hui, mourra demain.*
> *Sois heureuse, Ô mon âme, car ton Seigneur t'attends*
> *Et le bienaimé t'appelle.»*

Gabriel s'élança alors encore une fois, accompagné du Prophète ﷺ monté sur le *Bouraq*. De nouveau, ils parcoururent une distance de cinq-cent mille années-lumière, avant d'atteindre un certain lieu, à partir duquel Gabriel resta en retrait. Le Prophète dit: «Ô Gabriel! Pour quelle raison t'arrêtes-tu? Vas-tu me quitter?» Et Gabriel répondit: «Je ne peux aller plus avant.» Le Prophète dit alors:

«Gabriel, ne m'abandonne pas. » L'archange déclara : «Tu dois descendre du *Bouraq* et te rendre dans un endroit que personne n'a jamais pénétré avant toi.» A cet instant, le *Bouraq* s'arrêta net et ne put aller plus loin. Le Prophète descendit de sa monture, hésitant. Gabriel lui dit: «Ô Prophète, va sans crainte. Si je devais continuer à tes côtés, je serai annihilé à cause du caractère intense et sublime de la Lumière.»

Le Prophète s'élança vers l'avant et fendit l'espace, s'avançant de plus en plus, encore et toujours. Jusqu'à ce qu'il vit Michaël se tenant debout devant lui, effrayé et tremblant. La lumière sur son visage changeait incessamment de couleur. Le Prophète lui demanda: «Michaël, est-ce ta station?» «Oui. Et si je l'outrepassais, je serai annihilé dans l'instant. Mais toi continue, et ne t'arrêtes pas.» répondit Michaël. Le Prophète s'élança de nouveau, fendant l'espace et s'avançant de plus en plus. Alors il rencontra Israfil aux quatre ailes extraordinaires, l'une d'elles recouvrait son visage pour l'ombrager, à cause de la lumière venant de l'horizon de toute chose. Le Prophète lui demanda: «Est-ce donc ta station Israfil?» Ce à quoi il répondit: «Oui. Et si je la franchis, cette lumière me consumerait instantanément. Mais toi, il te faut continuer, alors sois sans crainte.» Alors le Prophète s'élança une troisième fois, traversant les espaces, jusqu'à ce qu'il vit l'Esprit auquel Dieu a accordé le pouvoir des cieux et de la terre. Du sommet de son crâne à la plante de ses pieds, et en chacune de ses cellules, figuraient des visages dont les traits étaient dessinés d'un subtil éclat. Aucun ne connaît leur nombre si ce n'est Dieu, et de chacun de ces visages Dieu crée un ange-esprit s'apparentant à l'Esprit, puis Il les soustrait pour Lui-Même afin qu'ils soient les anges-esprits de la Divine Présence.

Chaque jour, l'Esprit pose un regard lumineux sur l'enfer à trois reprises, et grâce à la brise émanant de sa contemplation angélique, le feu de l'enfer s'adoucit jusqu'à devenir un arc-en-ciel. L'Esprit regarde également le Paradis trois fois dans une journée, et y répand la divine lumière dont Dieu lui fait don. Et si Dieu rassemblait les larmes qui coulent des yeux de l'Esprit, elles inonderaient tous les univers au point que le déluge de Noé serait comme une goutte d'eau récupérée par une aiguille plongée dans l'océan. C'est lui l'Esprit mentionné par Dieu dans le Coran:

Le jour où l'Esprit et les Anges se dresseront en rangs, nul ne saura parler, sauf celui à qui le Tout Miséricordieux aura accordé la permission. (78:38)

Le Prophète lui dit: «Ô Esprit ! Est-ce là ta station?» Et l'Esprit répondit: «Oui. Et si je l'outrepassais, je serai annihilé par la Lumière que je reçois. Ô Mouhammad! Continue, et n'aies crainte. Tu as été invité, et tu as été autorisé.» Alors le Prophète continua d'avancer, et Dieu inspira son cœur par cette parole : «Moi, le Seigneur, Je Me suis voilé des habitants du Paradis, comme Je Me suis voilé des habitants de la terre. Et comme Je Me suis voilé de leurs esprits, Je Me suis voilé de leur vision. Je ne suis jamais en toute chose, et Je ne suis jamais éloigné de toute chose.»

Le Prophète avança alors, traversant les voiles les uns après les autres, jusqu'à ce qu'il passa à travers un millier de voiles. Il ouvrit finalement le Voile de l'Unicité. Il se vit telle une lampe suspendue au sein d'un éther divin. Il perçut alors une indicible matière, d'une nature admirable et éblouissante. Il demanda à son Seigneur de lui donner force et courage. Il sentit un brin de l'arôme de cette présence sur sa langue, et cet atome fut pour lui plus frais que la glace, et plus doux que le miel. Il n'est aucune chose sur terre, et dans les sept cieux, qui possède la même saveur. Par cette goutte, Dieu plaça dans le cœur du Prophète ﷺ, la connaissance du Premier et du Dernier, le terrestre et le céleste. Tout lui fut révélé en un très bref instant, bien plus véloce que la plus vive des secondes. Puis, le Prophète fut ordonné d'avancer plus loin. Et comme il s'élevait davantage, il se vit sur bientôt sur un trône, que quiconque ne saurait décrire, ni maintenant ni jamais. Trois autres brins lui furent accordés : l'un sur son épaule consistait en majesté, l'autre sur son cœur consistait en miséricorde, et le dernier sur sa langue consistait en éloquence. Alors une voix, émanant de cette présence, et qu'aucune autre créature n'avait auparavant entendue dit: «Ô Mouhammad! J'ai fait de toi l'intercesseur de tous.» Et, à cet instant, le Prophète ressentit l'extase absorber son esprit, ce transporté ailleurs, puis remis à sa place, habité par un incroyable secret. Il fut établi dans les Champs Divins d'Eternité et d'Infinitude. Dans les premiers, il ne trouve ni début et dans les seconds, il ne voit ni fin. Puis Dieu lui révéla: «Ma fin est dans Mon commencement, et Mon commencement est dans Ma fin.» Alors, le Prophète sut: toutes les portes sont irrémédiablement fermées sauf celles qui mènent à Dieu, et Dieu ne peut être appréhendé dans l'espace confiné de n'importe quel discours, Il est exempté de toutes délimitations dans tous espaces et dans tous lieux. C'est là un mystère qu'aucune langue ne s'aventure à exprimer, qu'aucune porte ouverte ne peut révéler, et qu'aucune réponse ne peut rendre compte. Il est le Guide vers Lui-Même et le Seigneur de Sa propre description. Il est la Beauté de toute beauté, et le discours par lequel se fait Sa propre exquise n'appartient qu'à Lui seul.

> *Ô Dieu Mon Créateur, dans Ton infinité je me tiens émerveillé.*
> *Dans Ton océan d'unité, je me noie, submergé.*
> *Ô Dieu, il arrive que Tu me gardes dans une proche intimité.*
> *Et il arrive que Tu me quittes sans prévenir, étrange et voilé,*
> *Au secret dans Ta Majesté souveraine.*

> *Donne-moi à boire le vin de Ton amour,*
> *Car c'est seulement ivre que je peux dire:*
> *Mon Seigneur! Laisse-moi Te voir.*

Alors, le Prophète ﷺ regarda sur sa droite, et il ne vit rien excepté son Seigneur, puis il regarda sur sa gauche et il là aussi, il ne vit rien si ce n'est son Seigneur, et vers l'avant, et vers l'arrière, et au-dessus de lui : il n'y avait rien, seulement son Seigneur. Il abhorrait l'idée qu'il lui fallait désormais quitter ce lieu béni et honoré d'entre tous. Et Dieu lui dit: «Ô Mouhammad, tu es un messager pour Mes serviteurs, comme le sont tous les autres messagers, et si tu restes ici, tu ne pourras jamais délivrer Mon Message. Pour cette raison, il te faut redescendre sur terre, et communique Mon Message à tous Mes serviteurs. Et chaque fois que tu souhaiteras à nouveau connaître l'état dans lequel tu es en cet instant, pries, et Je t'en ouvrirai l'accès.» C'est pourquoi le Prophète a déclaré: «la Prière est la prunelle de mes yeux», et il l'a également appelée « le repos.»

Le Prophète fut donc ordonné de retourner sur terre. En repartant, il quitta sa substance qu'il fixa dans les cieux et son esprit, qui prit place au Lotus de la Limite, ainsi que son cœur, lequel demeure dans l'ineffable présence divine, et enfin son secret, lequel fut suspendu dans un espace insaisissable. Sa substance se demanda: «Où est le cœur?», et le cœur se demanda: «Où est l'esprit?» et l'esprit se demanda «Où est le secret?», et le secret se demanda où il se trouvait, lui. Et Dieu révéla ce qui suit : «Ô substance du Prophète! Je t'ai accordé la faveur et le pardon. Ô esprit! Je t'ai accordé l'honneur et la miséricorde. Ô cœur! Je t'ai accordé l'Amour et la Beauté. Ô secret! Tu M'as Moi.» Puis, Dieu révéla au Prophète l'ordre de réciter:

LE VOYAGE NOCTURNE ET L'ASCENSSION DU PROPHETE MOUHAMMAD

C'est lui qui prie sur vous, - ainsi que Ses Anges -, afin qu'Il vous fasse sortir des ténèbres à la lumière. (33:43)

«Ô Mouhammad! J'ai commandé aux anges de Mes cieux entiers, ceux qui ont été créés et ceux qui sont encore incréés, d'envoyer, continuellement, leurs bénédictions et saluts sur toi et Ma création, et Mon propre éloge les accompagne. Je suis ton Seigneur Qui a dit: Ma Miséricorde a surpassé Ma colère. Et tous Mes anges, Je ne les ai créés que pour vous, Hommes et Femmes de l'humanité.» Et Dieu ordonna au Prophète ﷺ d'emmener, dans sa descente, ce message angélique sur terre.

Deuxième Partie
LE PRESENT

A la Découverte de la Contrée des Anges

Un certain saint se trouvait dans sa cellule, priant et méditant nuit et jour. Un jour, il entendit un son qui venait de l'autre côté du mur, puis des pas s'approchèrent. Il les entendait de plus en plus distinctement, au point qu'il lui sembla qu'une foule immense l'attendait au dehors. Il ouvrit la porte, et vit une multitude de cinq mille anges pelotonnés les uns contre les autres, réunis dans une seule lumière d'une blancheur si éclatante et aveuglante, qu'elle rappelait en mémoire le verset suivant:

Louange à Dieu, Créateur des cieux et de la terre, qui a fait des Anges des messagers dotés de deux, trois ou quatre ailes. Il ajoute à la création ce qu'Il veut, car Dieu est Omnipotent. (35 :1)

Le saint homme leur demanda: «Qui êtes-vous?» «Nous sommes les anges du Seigneur.» répondit l'un d'entre eux. «Et nous avons été envoyés pour te demander si tu avais besoin de quelque chose car:

C'est lui qui prie sur vous, - ainsi que Ses Anges -, afin qu'Il vous fasse sortir des ténèbres à la lumière; et Il est Miséricordieux envers les croyants. (33:43)

Le saint dit alors: «Je n'ai qu'une seule requête: j'aimerai rencontrer mon Seigneur.» Les anges lui répondirent: «Celui qui souhaite rencontrer son Seigneur, son Seigneur souhaite le rencontrer. Répète après nous.» Ils citèrent des mots qu'il ne comprenait pas, mais cependant il les répéta et se vit propulsé hors de son corps. Le saint vit que chacun des anges portait un chrysanthème du Paradis d'où s'échappait un parfum de grâce. Ils l'accompagnèrent jusqu'au premier ciel, où il fut accueilli par des gardiens qui lui dirent: «Bienvenue au pieux et vertueux, saint homme de Dieu ! Tu as été invité en raison de l'amour qui t'anime dans la rencontre avec ton Seigneur.» En un instant, sa vision jouit des lumières éblouissantes qui l'entourent et de toutes sortes d'oiseaux aux couleurs blanche et verte, flottant au vent. Les anges lui montrent sa place au Paradis, et il voit alors d'autres anges qui montent et descendent les escaliers célestes.

Le Maître des voies d'ascension; les Anges ainsi que l'Esprit montent vers Lui en un jour dont la durée est de cinquante mille ans. (70:3-4)

Ils le font asseoir sur un trône d'or orné de perles et de joyaux célestes. Là, il voit les anges du premier ciel qui se tiennent debout, en cercle; ceux du deuxième ciel sont assis juste derrière ; ceux du troisième, quatrième, cinquième, sixième et septième ciel, alternativement debout et assis, en des cercles successifs, tous glorifiant et chantant les louanges de leur Seigneur. Alors, un magistral et lumineux éclat s'embrase soudain, qui lui fait perdre connaissance. Cette lumière émanait de la Divine Présence. Il se vit de nouveau comme la première fois, réintégrant son corps après l'avoir quitté. Et, comme il se réveillait, il entendit une voix d'ange murmurant à ses oreilles: «C'est la faveur accordée à chaque être vertueux dans ce monde.»

Un des plus grands saints, Abdullah al-Daghestani, a combattu aux Dardanelles, dans sa vingtaine. Il nous a légués le récit suivant:

> Un jour, alors que nous étions attaqués par l'ennemi, une centaine d'entre nous resta en arrière

pour protéger la frontière. J'étais un excellent tireur d'élite, capable d'abattre une cible à une distance considérable. Nous étions alors en difficulté pour défendre notre position, et sous le joug d'attaques féroces. Je sentis alors une balle frapper mon cœur, et tombais par terre, inanimé et mortellement blessé.

Alors que j'étais allongé, mourant, je vis le Prophète venir vers moi. Il me dit «Ô mon fils, tu étais destiné à mourir ici, mais nous avons encore besoin de toi sur terre, dans ta forme physique et spirituelle. Je suis venu te montrer la manière dont on meurt, et comment l'ange de la mort reprend l'âme.» Il ancra mon être dans une vision où je vis chaque cellule de mon corps, des pieds à la tête. Et alors que la vie se retirait, je pouvais voir la quantité de cellules comprises dans mon corps, leur fonction précise et individuelle, les remèdes contre les maux qui touchaient chacune d'entre elles, et j'entendis, les unes et les autres, dans leur commémoration de Dieu.

Et, comme je rendais l'âme, je ressentis ce qu'une personne vit quand elle meurt. On me permit d'observer les différents états dans la mort: des conditions les plus pénibles aux conditions les plus aisées, et celles empreintes de plénitude. J'ai tant aimé cet état d'anéantissement, car je retournais à mon origine. Il m'a offert de comprendre le secret du verset Coranique suivant:

Certes nous sommes à Dieu, et c'est à Lui que nous retournerons.
(2 :156)

Cette vision continua, et je connus bientôt l'expérience du souffle ultime, quand l'être est à l'article de la mort. Je vis apparaître l'ange de la mort, et l'entendis poser les questions qu'il pose en cet instant. Je vis alors toutes sortes de visions, de celles qui apparaissent au mourant, bien que je fusse bien vivant pendant tout le processus, et cela m'a de nouveau permis de saisir le secret de cet autre état. Dans une autre vision, mon âme observait mon corps, allongé plus bas. Le Prophète me dit soudain: «Viens avec moi!» Je partis avec lui, et il m'ouvrit la vision des sept cieux. Il m'éleva à la station de véridicité, où je rencontrais tous les prophètes, tous les saints, tous les martyrs, et tous les vertueux.

Il me dit ensuite: «Ô mon fils! Tu vas maintenant voir les supplices de l'enfer.» Là, je vis tout ce que le Prophète avait mentionné dans les Traditions concernant ces supplices et châtiments. Je lui dis: «Ô Prophète! Toi qui a été envoyé, Miséricorde pour les Hommes, n'y a-t-il donc aucune chance pour ces gens d'être sauvés?» Il répondit : « Bien sûr mon fils! Ils peuvent être sauvés par mon intercession. Ici, je te montre quel serait la destinée de ces êtres, si je n'avais pas le pouvoir d'intercéder pour eux. Ô mon fils! Il est temps que je te ramène sur terre et à ton corps propre.»

Et aussitôt, je regardais plus bas et vis mon corps qui avait l'air boursouflé. Je dis: «Ô Prophète de Dieu! Je préfère rester ici, avec toi. Je n'ai pas envie de retourner là-bas, être ici avec toi et dans la Divine Présence me rend heureux. Regarde donc ce monde. Je l'ai déjà connu, puis je l'ai quitté. Pourquoi y retourner? Mon corps est déjà déformé.»

Le Prophète répondit «Ô mon fils, tu dois y retourner, car c'est là ton devoir.» Ainsi, par ordre du Prophète, je rejoignais mon corps, même si j'étais loin de le désirer. Je m'aperçus que la balle était recouverte par la chair, et mon sang avait cessé de couler. Et alors que je me réveillais tout doucement, la vision s'éloignait également. Quand je revins complètement à moi, je vis les médecins-soldats sur le champ de bataille, recherchant des survivants parmi les morts. L'un d'eux cria: «Celui-ci est vivant! Il est vivant!»

Ils m'emmenèrent, et me soignèrent jusqu'à ce que j'eus recouvert la santé. Puis, ils me renvoyèrent chez mon oncle. A peine l'avais-je rejoins, qu'il me dit: «Ô mon fils, as-tu aimé ton séjour?» Je n'ai dit ni oui, ni non car j'ignorais s'il voulait signifier par-là mon séjour dans l'armée ou en compagnie du Prophète. Alors, il précisa: «Ô mon fils, as-tu aimé ton séjour auprès du Prophète?» Et là, je réalisais qu'il savait déjà tout de ce qui m'était arrivé. Je courrais vers lui, embrassais sa main et lui dis: «Ô mon cheikh! Je suis parti avec le Prophète, et je dois admettre que je ne voulais pas revenir, mais il m'y a enjoint, car il a dit que c'était mon devoir.»

L'Esprit

Dieu créa l'un de Ses êtres les plus remarquables, et son nom est «l'Esprit.» (al-rouh).

Il fait descendre les anges, avec l'Esprit qui procède de Son Commandement, sur qui Il veut parmi Ses serviteurs. Il leur enjoint de lancer cet avertissement : " En vérité, il n'y a de Dieu que Moi. Craignez-Moi donc». (16:2)

Il est également appelé Hajib Allah: «le Gardien de Dieu.» Il est un ange-esprit. Sa bouche peut contenir à elle seule tous les anges que Dieu a créés. Il se tient toujours devant Dieu, et au jour du Jugement Dernier, tous les êtres humains le verront et seront subjugués par sa majesté et son incommensurable aspect:

Le jour où l'Esprit et les Anges se dresseront en rangs, nul ne saura parler, sauf celui à qui le Tout Miséricordieux aura accordé la permission, et qui dira la vérité. (78:38)

Il possède dix mille ailes, et s'il en déployait seulement deux, elles recouvriraient le firmament dans son entier, d'Est en Ouest. Quand Dieu lui ordonna de voler à travers les univers, l'Esprit n'utilisa que deux ailes, se déplaçant à la vitesse de la pensée, ce qui est infiniment plus élevé que la vitesse de la lumière. Il possédait en outre soixante-dix mille yeux, soixante-dix mille oreilles, soixante-dix mille bouches, et soixante-dix mille langues. Il réside dans le quatrième ciel, et il est d'une taille cyclopéenne comparé à tous les univers créés. Il est le dépositaire de la révélation. L'Esprit a été créé à l'image de l'homme, il loue Dieu constamment, et pour chacune de ses louanges, Dieu crée un ange-esprit qui lui ressemble. En une seule journée et en une seule nuit, il prie Dieu un nombre incalculable de fois, dépassant en cela la quantité d'étoiles dans les univers créés. Et à chaque fois que Dieu envoie un ange sur terre, Il ordonne à l'Esprit d'envoyer un de ses anges-esprit accompagner cet autre ange.

La nuit d'Al-Qadr est meilleure que mille mois. Durant celle-ci descendent les Anges ainsi que l'Esprit, par permission de leur Seigneur pour tout ordre. (97 :3-4)

Le Prophète Mouhammad a dit: «Les esprits sont angéliques, mais dans un tout autre registre que celui des anges, ils ressemblent aux êtres humains, mais ils n'en sont pas. Ils ont eux aussi une tête, des bras, et des jambes.» Les êtres humains, les anges, les créatures spirituelles (*jinn*), et les démons forment un pour cent des anges-esprit. Les anges-esprit se nourrissent, ils mangent et ils boivent. Dans la vie future, il y aura deux groupes d'anges qui se tiendront devant Dieu: l'un est constitué d'anges, l'autre d'anges-esprit. Les êtres humains et les *jinn* formeront dix divisions : une sur dix pour les premiers, les neuf autres chez les *jinn*. De la même manière, les anges et les anges-esprit forment dix divisions: une sur dix pour les anges, et les neuf restantes pour les anges-esprit. De plus, les anges-esprit et les chérubins forment dix divisions: les premiers en représentent une, les chérubins les neuf autres.

Les anges-esprit sont les «anges gardiens» des anges, mais ne peuvent être vus, si ce n'est par une un petit nombre d'entre eux, tout comme les anges ne peuvent être vus par les Hommes, si ce n'est par une petite partie.

Et ils t'interrogent au sujet de l'âme, - Dis: «L'âme relève de l'Ordre de mon Seigneur». Et on ne vous a donné que peu de connaissance. (17 :85)

L'Archange Gabriel a une station qui lui est propre, et qu'il ne peut dépasser sans être instantanément annihilé. Devant lui, se tient Michaël dans sa propre station, l'air grave et effrayé face à Dieu. Au-dessus de lui, Israfil, l'ange de la Trompe retentissante, et après cette station, il y a l'Esprit qui se tient au-dessus de tous les anges, ces derniers ne peuvent le voir car il disparaît sous ses soixante-dix mille voiles de lumière réfléchie, et ses soixante-dix mille autres voiles de lumière originelle.

Les Miracles Angéliques

Les Miracles Angéliques

Nous sommes en 1982, à Beyrouth, Liban, la ville diamant du Moyen-Orient que les Occidentaux avaient coutume d'appeler «la Suisse du Moyen-Orient.» L'histoire se passe en plein milieu de la crise libanaise. Les combats font rage dans la région, les tyrans pilonnent la ville et plus de trois cents roquettes par minute pleuvent des deux côtés, indifférentes aux victimes. Et, un jour plus sombre que les autres, où les bombardements étaient plus récurrents que d'habitude, dans notre immeuble de dix étages, tout le monde s'était terré dans son appartement, priant Dieu. Chacun espérait survivre à cet enfer. Il n'y avait plus d'électricité, donc les ascenseurs ne fonctionnaient pas, la télévision et le téléphone non plus, et l'eau chaude était coupée. Les gens essayaient de rester vivants, une minute après l'autre, dévalant les escaliers à la recherche de soutien auprès d'un voisin, et heureux d'avoir conservé un peu de pain, acheté plus tôt à la boulangerie pendant une accalmie. Au milieu de toute cette confusion, dans le sous-sol, une femme se met à hurler:

«J'ai oublié! J'ai oublié!»
Les gens lui demandent: «Mais, qu'as-tu oublié?»
Mais elle est incapable de répondre et continue à crier «J'ai oublié! J'ai oublié!»

Tirant ses cheveux et se frappant le visage. Au même instant, l'immeuble semblait tanguer de gauche à droite à cause des explosions qui ébranlaient tout le voisinage. Chacun de nous sentait en lui-même son cœur voler en éclats et ses veines palpiter de manière insupportable, à cause d'explosions successives à intervalles très étroits des «bombes à fragmentation».

Tout le monde a la sensation que l'heure de la mort est arrivée. Les parents cherchent leurs enfants, les prennent dans leurs bras pour être emportés avec eux, qu'ils ne soient pas seuls face à la mort. A ce moment, l'amour des mères irradie, tout comme l'amour des pères, des époux et de leurs femmes, et de tous les membres de la famille. Chacun se remémore les moments passés ensemble, avant de quitter cette vie. Les uns et les autres se mettent à réciter des prières personnelles, chacun concentré sur son propre cas, implorant Dieu de lui accorder le salut. Les murmures et les chants de prière étaient la seule chose que l'on entendait, en dehors des explosions au-dessus de nos têtes. La petite cave qui servait de refuge était plongée dans l'obscurité, si ce n'est qu'elle était illuminée çà et là par une poignée de bougies qui transmettaient l'espoir comme de petits îlots de lumière dans un océan d'obscurité.

L'intensité des bombardements atteignit soudain son paroxysme. Les obus commençaient à nous atteindre, nous allions bientôt être réduits en poussières. L'immeuble se désagrège comme du carton, on entend les briques de pierre s'effondrer tout autour, comme de la grêle qui chuterait sur la tête des gens un jour d'hiver. Au milieu de cette pluie de pierres battante, la voix féminine qui criait tout à l'heure atteint le summum et tout le monde l'entend: «Je vous en prie! Que quelqu'un aide mon enfant! Au secours, aidez-le! Il est en train de mourir! Ils l'ont tué!» Mais personne ne voit l'enfant dont elle parle, personne ne peut l'aider.

Ma sœur partit chercher un peu de froide qu'elle appliqua sur le visage de cette femme, l'aidant ainsi à recouvrer ses sens. La dame continuait à implorer que son enfant soit retrouvé et sauvé, alors ma sœur m'appela: «Viens voir, il faut aider cette femme.» Je décidais d'aller lui parler, et elle me dit: «Je vous en prie! J'ai oublié ma fille.» «Où est-elle?» «Au dixième étage, c'est notre appartement. Aussitôt, mon visage devint pâle. Je regardais alors ma sœur, et elle lit immédiatement l'expression de mon visage: «Il ne doit plus y avoir de dixième étage à cette heure, ou de cinquième, ou même un seul étage encore debout! Et pouvons-nous seulement sortir de ce sous-sol vivant?» Les gens commençaient à se rassembler près de l'entrée, des coups se faisant entendre sur la porte en métal. Elle s'ouvrit soudain de l'extérieur, trois hommes et deux femmes s'engouffrèrent à l'intérieur en criant: «Fermez-la vite derrière nous, dépêchez-vous!» Ils étaient en voiture, roulant à toute vitesse à la recherche d'un abri, ne sachant où aller jusqu'à ce qu'ils aperçurent l'entrée extérieure du refuge. Ils avaient sauté de leur véhicule, et s'étaient précipités vers nous. Ils étaient agités, sous le choc de ce qu'ils avaient vu au dehors. Leurs visages et leurs vêtements étaient recouverts de sang, car ils avaient aidé à transporter les blessés et les morts dans leur voiture.

L'une des femmes nous dit: «Les rues sont jonchées de morts. Nous ne savions plus comment faire pour les ramasser. Des immeubles entiers ont été rasés. C'est une horreur sans nom, un véritable désastre!» Je regardais alors la femme qui s'était mise à crier quelques instants plus tôt, puis je me tournais vers celle qui parlait: «Qu'en est-il de notre immeuble?»

«De quel immeuble parlez-vous?»
«Du nôtre! Notre bâtiment!»

L'ensemble des nouveaux rescapés se mit à crier dans une totale confusion: «Il n'y a plus rien! Plus d'immeuble! Cet immeuble n'est plus qu'une ruine de quatre ou cinq hauteurs de paliers, c'est tout ce qui reste!»

Nous pensâmes aussitôt que l'autre femme allait devenir folle, ou avoir une crise cardiaque. Tout le monde se tourna vers elle en retenant son souffle, prêts à la rattraper au cas où elle s'évanouirait. Mais c'est le contraire qui se produisit. Elle semblait tout à coup tellement calme, avait repris son souffle et se tenait bien droite, et fixant un coin de la pièce. Son visage changea de couleur, de pâle il devint rose, ses yeux s'emplirent de lumière, elle se mit à sourire, bouche bée, puis dit dans un murmure:

«Oh mon Dieu! Oh mon Dieu! Ô Dieu!»

Tout le monde avait oublié les bombardements. Nous ne nous soucions plus du dehors et de ses tonnerres d'apocalypse; ici nous étions entourés d'un silence absolu. Chaque cœur ressentit immédiatement cette paix extraordinaire qui nous recouvrait peu à peu, telle une grandiose cape de quiétude et de repos, nous emmenant dans un endroit autre, et pour un court instant. Tout le monde regardait dans la direction où la femme avait les yeux rivés, mais personne ne pouvait voir ce qu'elle voyait à cet instant. Elle se mit à balbutier :

«Oh mon Dieu! Je vois vos anges! Je peux voir vos anges-gardiens avec leurs ailes, ils aident ma fille, ils sont venus pour tous nous aider!»

Et, aussitôt qu'elle prononça le mot «ange», tout le monde sentit une brise odorante, parfumée d'une fragrance inexprimable faite de fleurs et de senteurs fraîches, recouvrant l'odeur de soufre venue de l'extérieur.

Les bougies s'éteignirent. Une immense lumière apparut, elle inondait toute la cave et semblait en même temps l'étendre à l'infini. Les uns et les autres furent pétrifiés sur place, incapables de détacher leur regard obstinément fixé sur cette magnifique nuée luminescente. Tous observaient cet éclat, sans éprouver le moindre picotement dans les yeux, alors qu'il semblait beaucoup plus intense que celui du soleil ! Les langues étaient muettes, le souffle, coupé. Une paix absolue descendit, et toutes les souffrances, toutes les peurs, et tous les bombardements des dernières heures s'effacèrent des mémoires.

La femme était désormais dans un état de béatitude, toute trace d'anxiété avait disparu de son visage. «Les anges sauvent ma fille.» disait-elle sans arrêt, bien que ses propos aient semblé incohérents à n'importe qui puisque tout le monde pensait que, l'immeuble n'étant plus que décombres, tous ceux qui auraient été encore à l'intérieur avaient déjà certainement péri. Cependant, tous dans la cave savaient désormais, avec la plus grande certitude, que tout peut arriver, à cause de la condition dans laquelle nous avions été transportés. Même si à l'extérieur, n'importe qui se serait dit que cela n'avait aucun sens de croire que cette petite fille était en vie.

Ma sœur m'observa en silence, me suppliant de lui donner quelque explication sur ce qui était en train de se passer. Je la fixais en retour, les yeux grands ouverts, comme pour lui dire: «Dieu est grand et Il peut tout, et même envoyer Ses anges-gardiens pour panser les plaies des laissés pour compte qui implorent Son aide.» Elle me comprit, et le message se refléta en elle, pénétrant son cœur comme des vagues d'énergie spirituelle, le dépassant ensuite pour atteindre le cœur des autres autour de nous. Tout le monde fut alors conscient que quelque chose de particulier était en train de se passer, une chose qu'ils n'avaient jamais expérimentée jusqu'à aujourd'hui.

Ma sœur était atteinte d'un cancer depuis plusieurs années. Etant elle-même gynécologue, elle comprenait mieux que personne la réalité de cette maladie et la gravité de sa condition. Elle suivait un traitement chimiothérapique, et avait subi plusieurs opérations. Les docteurs lui avaient finalement dit qu'elle n'avait plus que quelques mois. Elle souffrait à l'idée que la mort avait décidé de frapper à sa porte et qu'elle était sur le point de s'inviter, sans compter l'autre souffrance, multiple celle-là, et imposée par la maladie elle-même et son pénible traitement.

Elle me regardait comme pour dire: «Si ces anges sont réellement là, s'ils sont véritablement en train de sauver cet enfant et que nous en sommes témoins en ce moment même, pour quelle raison ces mêmes anges ne viennent-ils pas me sauver moi aussi, me guérir avec leur toucher miraculeux, comme d'autres qui sont sauvés?» Je compris tout cela dans son regard, et sans besoin que nous échangions un seul mot.

Je sentais dans tous mes pores la détresse de ma sœur, l'appel qu'elle adressait de tout son cœur, un appel à l'aide, absolu et désespéré. Elle essayait de s'agripper à la céleste robe d'un ange, un geste ultime qui lui permettrait d'être sauvée: ce précieux moment pourrait ne jamais se reproduire. Alors une chose étonnante, imprévisible, se produisit juste après ce dialogue silencieux: ma sœur s'était mise elle-aussi à regarder fixement le coin de la pièce, avec l'air tout aussi concentré et fasciné que la femme dont l'enfant avait disparu. A son tour, elle se mit à balbutier: «Frère! Frère! Un ange s'approche de moi! Oh mon Dieu, Oh mon Dieu!» Tout le monde scrutait l'espace, mais sans distinguer quoi que ce soit: l'ange n'était visible que d'elle, comme cet autre ange l'avait été uniquement de la mère éplorée. Et cependant, la lumière qui remplissait toute la pièce semblait s'intensifier de plus en plus.

Ma sœur cria soudain: «Il me soigne! L'ange! Il me guérit!» Puis elle s'évanouit. Nous étions face à un dilemme, nous demandant si nous devions aider ma sœur en premier, ou l'autre femme. Mais aucun de nous ne put faire un mouvement, nous étions pétrifiés, incapables de faire face une bonne fois pour toutes, disant simplement: «Dieu est grand.» Au milieu de toute cette confusion terrestre mêlée d'un divin émerveillement, nous entendîmes distinctement des coups sur la porte d'entrée. Personne ne bougea, car personne ne voulait sortir de l'état extatique dans lequel il se trouvait et retourner dans un monde de bombes et de vacarme, d'odeur de poudre et de brûlé, et de vision d'apocalypse, où les morts et les blessés se comptent à la pelle.

Chacun de nous sentait qu'il devait ouvrir cette porte, mais nos jambes semblaient être enracinées dans le sol. Personne ne bougea. Parmi tout ce monde, deux enfants, une fille et un garçon, s'échappèrent des bras de leurs parents, et coururent vers la porte. Leurs parents se mirent à crier: «Revenez! Revenez!» mais les enfants se contentaient de répondre: «Des anges! Des anges!» Nous avions tous le regard braqué sur eux, et quant aux parents, ils demeuraient incapables de ne serait-ce que tendre un bras vers leur progéniture.

Notre sang se glaça à l'idée que les enfants puissent sortir et être blessés par les bombes. Notre stupéfaction décupla à cette vue: les enfants n'avaient plus prise sur le sol, leurs pieds flottaient dans les airs, ils étaient en train de littéralement marcher dans les airs! Leurs parents en eurent le souffle coupé, et interrogeaient leur raison. Les enfants, comme pour rassurer leurs parents qui avaient perdu la parole, leur dirent: «Maman, papa, les anges sont venus nous aider. N'ayez pas peur. Ils vont nous libérer.»

Les enfants ont certainement atteint la porte en un laps de temps, mais pour tous les autres, il semblait s'être écoulé une année. Qu'était-il en train de se passer avec les enfants? Etaient-ils toujours les mêmes, ou bien étaient-ce des anges qui avaient pris l'image des enfants? Et qui frappait à la porte? Alors que les enfants se rapprochaient de la porte, nous n'entendions plus quelqu'un frapper, mais une musique très mélodieuse qui charmait notre ouïe et habitait l'atmosphère. Confusion, émerveillement, suspens, et attente: la première femme et sa fille, la vision de ma sœur, sa perte de conscience, le silence, la lumière, le parfum qui nous entoure, les coups donnés à la porte, les enfants flottant dans les airs, nous annonçant sereinement la présence d'anges. Tout cela était plus que notre raison pouvait assimiler.

Toutes les étrangetés que nous avions vues appartenaient aux trois dimensions; nous avons essayé de les appréhender avec les sens de nos corps. Et intuitivement, nous savions tous que ce qui allait se manifester derrière cette porte, allait être cependant bien différente, bien plus inimaginable : sans précédent. Ce qui s'annonçait était lié à la quatrième dimension, une porte du Paradis, une interaction avec le monde céleste lui-même, et non pas uniquement avec un de ses habitants, ou avec des éléments subtils comme une fragrance ou un son.

En moins d'une seconde, dans l'espace-temps des enfants, ces derniers étaient à la porte. Celle-ci s'ouvrit tout à coup devant eux, et nous ne pouvions rien voir d'autre qu'une lumière infinie: il n'y avait plus d'escaliers qui montaient vers la rue, plus de murs, pas même de ruines visibles, uniquement de la lumière. Elle pénétra l'intérieur du sous-sol, par vagues d'une puissante énergie qui entra soudain dans les cœurs de ceux qui étaient présents; nous avons tous senti les splendeurs de l'amour et de la béatitude absolue dans le tréfonds de nos cœurs, un amour que nous n'avion jamais connu, jamais ressenti dans toute notre vie. Cela n'avait même rien à voir avec le sentiment provoqué par un amour adolescent.

Nous étions dans un état second. Les deux enfants avaient été happés par la lumière, ils avaient disparu. Tous les regards étaient absorbés par la vision, cependant impuissants à distinguer les enfants de cette lumière absolue ; leur fusion fit naître des couleurs chatoyantes comme celles d'un arc-en-ciel, et ce changement eut un impact sur nous et notre état, comme si nous étions désormais capables de voir les enfants se déplacer dans le paradis avec les yeux de notre cœur, et non plus avec ceux de notre tête.

Après un court instant, la lumière était toujours présente, et alors que deux enfants l'avaient pénétrée, ils étaient trois à en sortir. Ils se tenaient la main, et semblaient tranquillement se promener, sortant de la quatrième dimension céleste, de retour dans notre troisième dimension.

Les enfants avaient quelque chose d'aérien, d'insaisissable, comme translucide: l'on aurait dit qu'ils étaient devenus des êtres angéliques. La lumière émanant de chacun d'eux changeait constamment, comme celle qui venait de la porte. D'une manière innocente et insouciante, ils firent ce que font tous les enfants, et leur attitude nous confirma que c'était toujours eux : se tenant chacun par la main, ils tournaient en rond, en chantant :

«Nous sommes les anges, nous sommes les gardiens. Nous sommes ceux qui prennent soin de vous, et nous vous aimons.»

Tout le monde poussa un soupir empreint de joie et de soulagement. Chacun se tourna vers l'autre avec gratitude, se réjouissant de la mélodie émanant de la voix des enfants, heureux d'en avoir saisi la portée. C'était comme si une vie nouvelle s'était ouverte à nous, à l'intérieur de ce sous-sol, et tout spécialement pour les parents de ces enfants. Ils essayèrent à nouveau d'aller à leur rencontre, mais en vain : ils ne pouvaient bouger d'un centimètre, immobilisés comme des statues.

Et alors que la lumière commençait à s'estomper, les gens sentirent peu à peu leurs membres se mettre à bouger, et l'état d'extase dans lequel nous étions disparut progressivement de nos cœurs. La voix chantante des enfants s'éloignait. Ils se tournèrent ensuite vers leurs parents, cherchant à les rejoindre au plus vite. Nous avions tous les yeux rivés sur le troisième enfant, une petite fille: elle déferla à l'intérieur de la cave et sauta dans les bras de la femme qui se lamentait de sa perte un instant plus tôt. C'était sa fille, celle qu'elle avait oublié au dixième étage, dans leur appartement.

Tout le monde, moi y compris, avait oublié ma sœur, toujours inconsciente; nous avions tous hâte d'entendre le récit des enfants, qu'ils nous disent ce qu'ils avaient vu. La joie des parents était inexprimable. La femme du dixième étage, qui avait cru son enfant mort dans les décombres, l'avait vu courir et sauter dans ses bras, et elle n'avait pas même oublié de prendre sa poupée! La mère embrassait son enfant, bredouillant confusément quelques prières et des mots de remerciement, submergée par l'émotion.

Pendant ce magique instant, d'autres personnes s'étaient jointes à moi pour réanimer ma sœur, après que nous ayons nous-mêmes repris nos esprits! D'autres interrogeaient la petite fille: comment se faisait-il qu'elle fut saine et sauve, là-même où sévissait la destruction? Là où tous les décombres s'empilaient les uns sur les autres? Je ne perdais pas une miette de ce qui se disait, à l'affût de la moindre réponse. Dans le même temps, je versais un peu d'eau de Cologne sur ma sœur, et lui tapotait le visage jusqu'à ce qu'elle revint à elle.

La petite fille raconta ce qui lui était arrivé, mi enjouée mi apeurée: d'une part, elle était pleine de joie à cause de la vision du monde des anges, et d'autre part elle était effrayée de l'excitation soudaine des gens qui tous l'entouraient et la questionnaient. Elle était étonnée de toute cette agitation, et de la réaction de sa mère : elle ne comprenait pas qu'on en fît tout un pataquès; elle avait simplement été visitée par ses amis, les anges, et maintenant elle était là! Mais, qu'est-ce qui s'est passé au dixième étage? Mais la petite fille disait simplement: «Pourquoi pleures-tu maman? Pourquoi tu me serres comme si tu ne m'avais pas vu depuis longtemps?» Et la mère se contentait d'embrasser sa chère enfant, tout en récitant silencieusement ses prières de remerciement. La petite fille se mit à son tour à embrasser sa poupée, comme sa mère le faisait avec elle. Chacun d'elles craignait de perdre ce à quoi elle tenait le plus: la mère, son enfant et l'enfant, sa poupée.

La fille raconta ce qui lui était arrivé: «J'étais dans mon lit quand j'ai senti qu'on me touchait et qu'on m'appelait. J'ai cru que c'était maman, mais c'est la première fois qu'on me portait de cette façon-là ! J'ai ouvert les yeux, et j'ai senti un très beau parfum qui remplissait ma chambre. J'ai vu une dame, elle était avec un ange. A la place de ma chambre, on était dans un grand espace, sans début ni fin. La dame m'a pris par la main, et l'ange nous a portés toutes les deux! Je voulais pleurer, mais la dame a dit : – Pourquoi pleures-tu mon amour? – Et j'ai dit: – J'ai oublié ma poupée. – Et alors la dame m'a dit: – Non, elle est là avec toi, sous ton bras, regarde! – J'ai regardé et j'ai vu que ma poupée était bien là. Puis j'ai regardé partout et j'ai demandé: – Où est ma maman? Qu'est-ce qui se passe? Où m'emmenez-vous? – Et alors ils ont dit: – Nous t'emmenons voir ta maman. Nous sommes vos anges-gardiens. – Et ensuite, j'ai rencontré les deux enfants qui m'attendaient dans le hall d'entrée, et il y avait de la lumière partout. Les anges nous ont appris une chanson, et on a commencé à jouer avec eux, et on s'est promené. C'était vraiment bien! Ils nous ont dit qu'on devait retourner auprès de nos parents, et on est venu ici.»

Les enfants ne semblaient nullement impressionnés par la nature extraordinaire de ce récit, tout comme ils ne l'étaient pas de l'expérience qu'ils avaient vécu durant la dernière heure. Nous les observions pendant tout ce temps, puis nous nous regardâmes, incrédules. Nous devions en parler aux autres, à d'autres personnes. Mais, nous croiraient-ils? Nous désirions que cet instant dure toute l'éternité. Nous désirions pouvoir entendre davantage. Toutes ces pensées venaient en même temps, et au-delà du vacarme que provoquaient ces réflexions en nous, une pensée des plus claires émergea et s'imposa d'elle-même : les anges nous avaient secouru, et ils nous avaient offert ce précieux moment de miséricorde et de liberté.

Nous n'avions pas oublié celle qui, parmi nous, était toujours allongée par terre : ma sœur. Elle revenait progressivement à elle, regardant tout autour pour voir si la vision était toujours là. Quelqu'un m'offrit un verre d'eau parfumée à l'eau de rose. J'en humidifiais les lèvres de ma sœur, tout en essayant de la calmer. Elle était de prime abord incapable de dire quoi que ce soit, de s'exprimer sur ce qui lui était arrivée. Elle but un peu d'eau, prenant progressivement conscience de ce qui l'entourait. Elle se sentait désormais en sécurité et sourit, comprenant enfin la raison de tout cet attroupement autour d'elle.

Ma sœur me regarda alors, et je vis dans ses yeux qu'elle était prête à me raconter ce qui lui était arrivée, ce qu'elle avait vu après avoir été prise dans cette vision angélique. Tout le monde se tut une nouvelle fois, souhaitant connaître cette autre histoire. On aurait pu entendre une mouche voler dans ce silence absolu, bien que la guerre continuât toujours. A l'intérieur, l'atmosphère de paix et de joie nous avait totalement déconnectés de l'anarchie qui envahissait l'extérieur.

Alors qu'elle s'apprêtait à parler, tout le monde s'attendait à entendre d'extraordinaires nouvelles sur sa condition, alors qu'elle n'avait pas encore dit un mot. Elle parla: «Loué soit Dieu! Il guérit et Il pardonne. Dès l'instant où je me suis évanouie, je me suis réveillée autre part, scrutant tout autour de moi. J'avais l'impression d'avoir été anesthésiée, c'était un genre d'«immersion» d'ordre spirituelle. Les anges étaient à l'œuvre sur mon corps. Il y en avait trois: un sur ma droite, un sur ma gauche, et un autre au-dessus de moi. Ce dernier s'adressa à moi en disant:
– Nous sommes les anges-guérisseurs, et nous sommes là pour vous aider, par la permission de Dieu. Il n'y a rien qui puisse nous empêcher de soigner celui qui recherche notre aide, ainsi nous voilà!»

«Ils me tenaient la main des deux côtés, et je ressentais un état de plénitude dans tout mon corps. Je me sentais si légère, si relaxée. La douleur continue de toutes ces années de traitement contre le cancer avait totalement disparu. Puis, l'ange qui se tenait au-dessus de moi me montra un éclair lumineux qu'il semblait tenir entre ses mains. Ensuite il me révéla : – Il existe des points dans le corps humain, si une personne les touche, le corps entier peut guérir. Je vais les toucher avec cette épine de lumière. – Il dirigea l'éclair dans plusieurs endroits sur mon cœur, touchant un point-cellule à chaque fois, guérissant ainsi toutes les cellules en correspondance. – Ces cellules mortes vont de nouveau revenir à la vie par ce toucher, dit-il.»

«L'opération s'étendit sur l'ensemble de mon corps. J'étais capable de lister les 365 différents points vers lesquels il tourna l'éclair. L'ange me dit: – Chaque point représente un jour de l'année. Si tu maintiens ton corps dans un juste équilibre toute l'année, toutes tes années seront également harmonieuses, il en sera de même pour ta durée de vie.»

Nous avions tous été bouleversés par les évènements qui venaient de se produire, et le secret qui venait de nous être révélé ajoutait davantage d'émerveillement. Ma sœur continua: «L'ange me conseilla de suivre un certain régime alimentaire, que je ne devais jamais abandonner pour le reste de ma vie. Il m'a indiqué qu'afin d'équilibrer tous les points du corps, je devais prendre chaque matin, à l'aube, avant de boire ou manger quoi que ce soit, un verre de jus d'oignon qui revivifiera les cellules mortes que le cancer étend dans tout le corps. L'ange m'a dit que ce remède devait être suivi par tous ceux qui souffriraient du cancer.»

Nous écoutions tout le long, buvant les paroles de ma sœur sur sa céleste rencontre, n'omettant aucuns détails lesquels ne faisaient que renforcer, et confirmer, la véracité de son expérience parallèlement à ce qui était arrivé à la petite fille. Tout le monde dans le sous-sol avait été transformé ce jour-là. Et, comme il est étrange que le jour qui a commencé comme le plus sombre et le pire de nos vies, semblait prendre la place d'un jour de bonheur très spécial, d'un jour de faveurs et qui sera longtemps considéré comme l'un des plus beaux et des meilleurs de nos vies! Les gens continuaient à exprimer ce qu'ils ressentaient, écoutant inlassablement les impressions et les sentiments des uns et des autres. Quand toute l'excitation fut redescendue, trois heures avaient passé, et l'accalmie avait remplacé le chaos des bombardements. Nous nous préparions, tous, à quitter notre refuge, et à retourner, autant que faire ce peu, à la normalité de notre vie de tous les jours.

Une fois dehors, nous faisions face à l'étendue des dégâts. Nous avons réalisé que nous-mêmes avions fait partie de l'action miraculeuse des anges : nous avions été épargnés, et notre cave avait été protégée des obus qui avaient détruits tous les sites alentours. Nous avons quitté la ville pour nous rendre chez notre frère, au nord du pays. Là-bas, on soigna nos blessures, et nous y restâmes un moment, au repos. Ma sœur suivit fidèlement la prescription de l'ange. Trois mois plus tard, elle retourna voir ses médecins à l'Université Américaine de Beyrouth, et à la surprise de tous, le cancer avait totalement disparu: il n'y avait plus aucune trace de la maladie dans tout son corps. Personne ne pouvait l'expliquer, et les médecins étaient sidérés. Ils ignoraient même comment tracer le processus de guérison, impuissants à l'expliquer, incapables de le reproduire. Alors, bien sûr, ils prirent les propos de ma sœur concernant l'intervention de l'ange sur son corps et le régime avec d'énormes pincettes, bien qu'elle fût elle-même un médecin. Ils disaient: «Notre consœur a eu beaucoup de chance. Elle est sous le coup d'un choc émotionnel à cause de son rétablissement miraculeux, et d'une guérison inattendue.» Miraculeux, c'était bien le mot. Et d'une façon bien plus littérale qu'ils ne pourront jamais l'imaginer.

Les Anges Qui Chantent dans les Cieux

Un de mes proches amis, qui travaillait dans une ville, loin de sa femme et de leur fille, eut soudainement l'envie d'aller les rendre visite. Il décida de demander des congés à son patron, et écrivit un courrier. Il donna la lettre à sa secrétaire, s'attendant à recevoir une réponse dans les jours qui suivaient, comme c'en est l'usage. Il était si impatient, et quand la réponse arriva, on lui dit qu'il ne pourrait prendre de congés à la période qu'il avait désirée. Il se dit: «*Ceux-là ont pour paiement la malédiction sur eux de Dieu et des anges et des humains tous ensemble.*» (3:87)

Il ne pouvait pas appeler sa femme, car il n'y avait pas de ligne téléphonique là où ils vivaient. Alors, de retour chez lui, il prit une douche, et alluma un feu dans la cheminée. Dehors, il neigeait. Il s'assit, et médita, jetant un œil sur les flammes de temps à autre. Un moment plus tard, il commença à y voir l'image des membres de sa famille, en mouvement avec les flammes. Dans sa pensée, il se vit les visiter, les saluer, les uns après les autres.

Sa vision fut brusquement interrompue par des coups prononcés à la porte. D'abord, il n'y fit pas attention, tout en essayant de mieux se concentrer sur le feu. Mais on continua à frapper. Il abandonna la vision de sa famille à regret, et quitta ses douces rêveries. Il se leva lentement, se dirigea vers la porte et l'ouvrit: mais personne. Il regarda autour: rien si ce n'est la neige, elle continuait à tomber et avait déjà tout recouvert. Il ferma la porte, et comme il retournait dans son salon, il entendit à nouveau que quelqu'un frappait. Il retourna à la porte, l'ouvrit, et là encore il n'y avait personne. Il se demanda ce qui se passait, et qui pouvait frapper. Quelqu'un s'amusait peut-être, se dit-il. Ou bien peut-être est-ce moi qui imagine des choses? Est-ce que c'est lié à ce que je lisais hier sur les anges?... La troisième fois, les coups étaient plus forts: il courut vers la porte, prêt à attraper ce qui devait se trouver de l'autre côté, car il commençait à suspecter une présence particulière dotée d'un pouvoir particulier. Ce qu'il vit alors provoqua en lui un énorme choc émotionnel. Une nuée de lumière, flottant à trois mètres devant lui, aspirant l'air et recouvrant tout à portée de vue. A l'intérieur, un visage d'une inexprimable beauté, le fixait. Etait-ce une femme, un homme, un enfant, ou même simplement un être humain? Tout ce qu'il se disait, c'est qu'il s'agissait sans aucun doute d'un ange. Il entendit une voix qui bouleversa profondément tout son être, baignant son cœur d'amour et d'émotion. La voix dit alors:

> *Dieu est Plus Généreux.*
> *Il nous appelle à Sa présence, et nous donne la force,*
> *Il donne le bien en retour de notre indifférence.*
> *Il recouvre nos fautes de Son pardon,*
> *Et transforme la tristesse dans nos cœurs en lumière.*
> *Nous avons pris goût à Sa bienveillance,*
> *Et jamais elle ne nous quitte.*

L'être, sur qui se lisait une inexprimable compassion, le regarda et lui dit: «Je serai le messager de ton cœur auprès de ta famille. Je leur dirai à quel point ils te manquent. Demain, ils viendront te voir.»

Il était fou de joie, se remémorant certaines choses apprises au cours de son enfance: Dieu témoigne de Sa propre Unicité à Lui-Même.

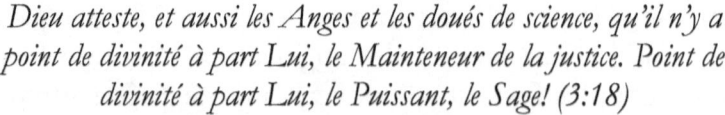

Dieu atteste, et aussi les Anges et les doués de science, qu'il n'y a point de divinité à part Lui, le Mainteneur de la justice. Point de divinité à part Lui, le Puissant, le Sage! (3:18)

Dieu témoigne que, de la même manière que Lui, le Sage, l'Exalté, défend fermement la justice, ainsi les anges et ceux qui savent font-ils de même. Ces anges sont créés d'un océan de justice, et à partir de la lumière de l'attribut divin «al-Adil», soit «le Juste.» Leur nombre est deux fois plus important que celui des Hommes, car Dieu a créé, pour chaque femme et pour chaque homme, deux anges-gardiens. Leur nourriture et leur boisson, leur repos et leur sommeil est de louer Dieu dans la même langue que celui sur qui ils veillent. Leur devoir est de nous diriger, toujours, vers ce qui nous est meilleur, d'apporter joie et contentement dans nos cœurs, et d'appliquer la justice qu'ils sont déterminés à défendre. Ils apparaissent, à ceux qui connaissent véritablement Dieu, dans une couleur pourpre et aux enfants, dans une couleur verte. Sur leurs têtes, ils portent des couronnes décorées de pierres précieuses inimaginables, des joyaux du paradis. C'est ce qui les distingue des autres anges, et révèle leur identité d'anges de la justice.

Donc, après lui avoir parlé, la lumière s'intensifia quelque peu, puis tout disparut avec elle. Il ne restait plus que la neige qui tombait doucement. En regardant par terre, l'homme ne vit aucune trace de pas, et de plus, c'était la nuit. Il regarda en haut, puis en bas, à gauche et à droite: il n'y avait rien à voir. Il ne portait rien d'autre que sa chemise de flanelle, mais n'avait pas froid. Ses cheveux s'étaient dressés sur sa tête, et son cœur battait la chamade, plus fort que jamais. Il était dans un tel état d'excitation et de contentement, c'était quelque chose qu'il n'avait jamais ressenti dans toute sa vie. Que lui était-il donc arrivé ? Dans son esprit, il n'y avait plus rien: la pièce avait disparu, le feu lui aussi n'était plus, le canapé, les tables, l'horloge de son grand-père, le miroir… tout s'était évanoui. Dans sa mémoire, il ne restait que le souvenir de cet ange, son image gravé à l'intérieur de ses yeux et dans son cœur. Cette émotion extatique demeura en lui toute la nuit durant.

Au petit matin, alors que l'obscurité disparaissait peu à peu, de même son état de la veille se retirait de tout son corps. Quand le soleil fut complètement levé, il était redevenu «normal.» Alors il se demanda: «Etait-ce un rêve, ou bien ai-je eu une hallucination? Ou bien s'agit-il vraiment des visitations angéliques dont on parle si souvent?» Il se remémora les histoires qu'il avait si souvent entendues sur les anges, mais aucune ne ressemblait à ce qu'il avait pu voir. Il était tiraillé entre croire ou ne pas croire, et n'arrivait pas à reconnaître sans l'ombre d'un doute la vérité qu'il avait perçue. Finalement, il se dit en lui-même: «Si c'était bien un ange, alors ma femme et mes enfants viendront aujourd'hui.»

Ce jour-là, il se rendit à son travail, et tout semblait se passer comme de coutume. Il était quelque peu excité, et avait l'impression que ce jour ne finirait jamais. Tout ce qu'il souhaitait, c'était rentrer chez lui pour voir si ce qui s'était passé la veille était un rêve ou non. A la fin de la journée, il fut le premier à quitter le bureau, et comme il arrivait dans sa rue, il vit sa femme et ses enfants qui l'attendaient à sa porte. Il courut vers eux à toute allure, alors qu'un millier de questions l'assaillait. Quand il arriva à leur hauteur, ils se jetèrent dans les bras.

Il était stupéfait. Comment était-ce possible? Sont-ils vraiment là, ou est-ce une illusion? Il entendit alors la voix de sa petite fille: «Papa, c'est nous! L'ange nous a amenées, maman et moi!» Il la prit dans ses bras et se tourna vers sa femme. C'est là qu'il réalisa qu'il avait bien été visité par un ange. Toutes ses certitudes s'évanouirent, et à la place, c'est une compréhension nouvelle de la réalité de ce monde qui pénétra son cœur. Les anges sont présents parmi les êtres humains, et ils font usage de leur don pour les soutenir dans ce monde. Il embrassa sa femme, et tenta d'ouvrir la porte, mais sa main tremblait. Elle lui dit: «Qu'y a-t-il mon amour? Pourquoi trembles-tu si fort?» Il lui répondit: «Plus tard. Plus tard, je t'expliquerai.» Alors elle prit la clé d'entre ses mains et ouvrit la porte.

«Qu'est-ce qui t'a poussé à venir me voir aujourd'hui?», demanda-t-il.

Elle répondit: «Je lisais une histoire à notre fille hier, et je lui parlais des anges qui chantent dans le ciel. Elle me demanda ce qu'ils étaient, et je tentais de lui expliquer la nature de ce chant angélique. Soudain, nous entendîmes progressivement une musique étrangement merveilleuse, elle emplissait toute sa chambre. Nous avons vu une lumière, à l'intérieur d'elle il y avait une petite fille qui ressemblait à la nôtre et qui disait: – Je suis l'ange musical! – Notre fille me demanda si je pouvais voir ce qu'elle voyait, et je la rassurais que c'était bel et bien le cas. Puis elle dit: – Ange, où est mon père? – Et l'ange lui répondit: – Il t'attend et il t'envoie tout son amour. – Je n'arrivais pas à y croire, mais notre fille me confirmait que tout cela était bien en train d'arriver! Nous avons donc décidé de venir, et nous voilà!»

Les Anges-Guides de la Sûreté

Nous sommes en 1980, un samedi 7 juillet. Je rentre tout juste de Jeddah, de l'Arabie Saoudite, à Beyrouth au Liban. Ma ville natale, et le pays est en guerre. L'avion fait un atterrissage forcé à l'aéroport. Une fois arrivé à bon port, je tentais de contacter mon frère pour qu'il vienne me chercher, mais toutes les lignes avaient été mises hors service. Les gens traversaient en toute hâte les services de douane et les contrôles à l'immigration, et trouver un policier libre pour cacheter son passeport était une tâche ardue. Tout le monde n'avait qu'une chose en tête: rester vivant. La mort pouvait nous atteindre à tout moment. Je tentais de trouver un taxi aux alentours, mais aucun n'était disposé à aller au nord, car c'est là que je vivais. Beyrouth était séparée en deux, et on ne pouvait rejoindre le nord sans traverser cette démarcation. Il fallait passer par la si tristement célèbre Ligne Verte, et personne n'était assez téméraire pour oser la traverser ce jour-là.

Quelques heures plus tard, l'aéroport et les rues tout autour étaient désert. Il n'y avait là qu'un couple, avec un enfant en bas âge, qui avaient voyagé dans le même avion que moi. Ils s'étaient installés dans la cafétéria, mais ne pouvaient même pas obtenir un verre d'eau pour leur bébé. Ils avaient rencontré le même problème que moi: personne ne pouvait les emmener à Tripoli, qui était à environ deux heures de route de l'aéroport.

Je m'asseyais non loin de la famille ainsi immobilisée. Nous pouvions entendre le chaos provoqué par l'explosion des obus, à moins de deux kilomètres de la ligne côtière. Nous ignorions comment nous allions pouvoir rentrer chez nous. J'entrais alors dans un état de prière et de méditation, me remémorant mon maître. Je demandais à Dieu de m'aider par l'intercession de mon maître. Une autre heure s'écoula. La nuit commençait à tomber, et nous pouvions déjà voir le soleil rougeoyant sur le point de disparaître derrière l'horizon.

Tout à coup, j'aperçu une voiture traverser l'aéroport à toute vitesse, et approcher l'aire de stationnement qui se trouvait en face de la cafétéria. On aurait dit que ses occupants tentaient désespérément de fuir quelque chose. La voiture fit un dérapage strident près de la porte d'entrée de la cafétéria, et un haut-gradé de l'Armée Libanaise en sortit précipitamment. Le voyant de loin, je me demandais si je connaissais cette personne, car il me semblait familier. Alors qu'il s'approchait, je réalisais qu'il s'agissait d'un des disciples de mon maître, il était donc du même groupe spirituel que moi.

Quand l'officier m'aperçut, il n'avait pas l'air aussi surpris que moi, et j'eus l'intuition que, dans son cœur, il cachait quelque chose. Nous nous embrassâmes, et il me dit:
«Que fais-tu donc ici?»
«Je suis arrivé aujourd'hui, et j'attends de trouver une voiture pour rentrer chez moi. Et toi, que fais-tu par ici?»
«Je n'ai pas vraiment le temps de te répondre maintenant. Prends tes bagages et mets-les dans la voiture.»
Je fis comme il me disait, et nous montâmes dans la voiture. Il démarra la voiture, et je regardais une dernière fois la petite famille qui était toujours bloquée là.

Alors qu'ils nous regardaient partir, ils semblaient avoir perdu tout espoir. Ils semblaient s'être résignés à affronter une catastrophe imminente. Leur situation m'avait alarmée, et mon ami était aussi effrayé à l'idée qu'ils restent coincés dans ce triste endroit. Dans la voiture, c'est comme si j'entendais l'appel que nous faisait l'enfant: «Nous sommes tous des gens innocents. Dieu nous a créés pour que nous vivions en paix et heureux en ce monde, et pour que nous tendions la main aux autres hommes. J'aimerai profiter de cette vie autant que vous, et jouer sous les arbres qui s'élancent vers le ciel, et entendre les oiseaux, et regarder les vagues se briser sur le rivage. Je ne veux pas mourir!» Cet appel, il me semblait véritablement l'avoir entendu dans mon cœur. Des larmes coulèrent sur mes joues et je me dis: «Vais-je donc m'en aller, et laisser cette famille ici, en pleine nuit, sans personne pour prendre soin d'eux?

La voiture commençait à rouler, mais quelque chose nous retenait tous deux, mon ami et moi. Je lui dis:

«Je ne peux partir sans eux.»

«Nous devons sauver nos vies! Tout le monde trouve la mort sur sa route de nos jours. Ils agissent comme des fous, ils se détruisent les uns les autres.»

«Je ne peux pas m'en aller sans eux. Nous devons les prendre avec nous.»

«Très bien. Qu'ils viennent!»

Je leur fis signe de venir, mais ils croyaient que je leur disais au revoir! Ils étaient si déprimés, qu'ils ne pouvaient imaginer un seul instant être invités à monter avec nous. L'enfant se mit à pleurer. Et, pendant tout ce temps, nous entendions le bruit des bombardements se rapprocher de là où nous étions.

Je descendais alors de la voiture avec mon ami, courant vers eux en leur criant: «Venez!» Ils se levèrent d'un coup, fortifiés par un espoir salutaire. Ils dansaient littéralement alors que nous les aidions à porter leurs bagages jusqu'à la voiture. Puis, nous sommes tous montés dans la voiture, roulant à toute allure vers le nord.

De nouveau, je demandais à mon ami comment il avait su que j'étais à l'aéroport. Et là encore, il me répondit: «Plus tard.

Nous devons d'abord décider de la route à prendre. Celle qui longe la mer, nous mettrions deux heures. Ou bien de l'autre côté, nous pouvons passer par les montagnes, à dix-mille pieds au-dessus du niveau de la mer, à travers les Cèdres. De là, nous pourrions redescendre vers Tripoli. Cette option nous prendrait douze heures. Il n'y a pas de pilonnage sur cette route, mais à cette heure-ci, on pourrait tomber sur n'importe quel groupe armé. Ils nous voleraient, puis nous nous ferions tués!»

Nous étions en plein dilemme, quand la petite fille dit tout à coup: «Je veux voir la plage! Je ne veux pas aller dans les montagnes. S'il te plait mon oncle, emmène-nous à la plage.» Son père lui dit : « Et pourquoi veux-tu aller à la plage?» – « Parce que l'ange me l'a demandé.» Le père n'avait aucune envie d'entendre quoi que ce soit sur les anges. Cependant, les mots de l'enfant résonnaient en moi. C'est comme si l'ange avait parlé à l'enfant pour guider les adultes. Je dis immédiatement à mon ami:

«Allons-y! Allons voir la mer!»
«Qu'est-ce qui te fais dire ça? Si soudainement?»
«J'ai eu des expériences avec les anges. Les vies de mon maître, du Prophète et de tous les autres messagers en sont pleinement illustrées.»

Ces mots furent comme des clés déverrouillant les lèvres de mon ami, car il me dit:
«J'avais peur que tu ne me prennes pour un fou, si je t'avais dit pourquoi j'étais venu à l'aéroport. As-tu une idée?»
«J'ignore ce qu'il en est. Je devine simplement que quelque chose t'a mené jusque là-bas, malgré toi. Ce ne pouvait être moi, puisque je ne t'avais pas appelé. Les téléphones étaient hors service, et je ne pouvais rien écrire non plus puisqu'il n'y avait pas de poste. Et pourtant, te voilà avec moi!»

«J'avais de la paperasse à faire au bureau, concernant la sécurité aéroportuaire. Je travaillais sur l'emploi du temps des officiers dans le centre-ville de Beyrouth, et j'étais seul. A un moment, j'entendis une voix qui semblait venir de nulle part ou d'entre les murs, mais c'était une impression étrange. Je regardais autour de moi, mais il n'y avait personne. J'ouvris la porte: pas âme qui vive dans le hall. Je fermais la porte et retournais à mon bureau, déconcerté. Imaginez! Un général de l'armée, entraîné à faire la guerre et préparé pour affronter la mort face aux attaques terroristes, et j'étais là, à me poser des questions sur ces voix. Mais après m'être assis, je les entendis à nouveau. Encore une fois, je regardais autour de moi, et je jetais même un œil à l'extérieur, mais les rues étaient désertes.»

«Je délaissais ma paperasse, écoutant attentivement. Je focalisais toute mon attention sur mes oreilles, je voulais comprendre si j'entendais réellement quelque chose et surtout, d'où cela provenait. Et cette fois, au lieu d'entendre un son, je vis les murs de la pièce s'éloigner, s'estomper jusqu'à disparaître! Je me demandais si je n'étais pas en train d'halluciner, j'attrapais la cafetière derrière moi et m'en versa une tasse. Mais même après l'avoir bu, la vision était toujours là. Je pris une bouteille d'eau qui traînait près de la cafetière, et j'en versai tout le contenu sur ma tête: cela n'eut aucun effet. Je ressentais une immense chaleur, et je réalisais soudain qu'une chose extraordinaire était en train de m'arriver.»

«Dès l'instant où j'admis cette pensée, elle illumina mon cœur, car c'est comme si j'avais usé d'un code secret me permettant d'entrer un stade de compréhension, ou de vision, supérieur. J'avais peu à peu la conviction que ce que je vivais-là était réel, et que ce n'était pas le fruit de mon imagination, une simple illusion.»

Dans la voiture, nous étions passés d'une ambiance où le caractère périlleux de notre expédition avait laissé place au mystérieux et à l'étrangeté de l'histoire qu'on nous contait. Des obus tombaient tout autour de nous et plus loin, de nombreux véhicules s'arrêtaient sur la route, cherchant de l'aide. Les immeubles étaient en feu. De l'autre côté de la route, une autre voiture fonçait droit sur nous, et quand elle parvint à notre hauteur, ses occupants s'adressèrent à nous: «Allez-vous en vite! Cette zone est touchée!» Nous étions cependant très surpris de voir que le conducteur souriait, alors qu'il était en train de nous avertir d'un grand danger. On se demandait ce qui le rendait si heureux, et ce qui était encore plus singulier, c'est que son visage était d'une lumière éclatante, et semblait illuminer tout alentour.

Mon ami chassa toutes nos doutes en disant: «C'est la même lumière, et le même visage, que j'ai vu dans mon bureau! C'est bien lui qui m'avait rendu visite!» Ce qui venait de se passer sonnait comme un signe pour mon ami : un signe qu'il était sur la bonne voie. Il continua dans la même direction, empruntant la grand-route, le long des côtes, qui menait vers la Ligne Verte, laquelle séparait le centre-ville en deux. Il continua son histoire:

«Quand j'ai réalisé que je n'imaginais pas ces choses, mais qu'elles étaient vraiment réelles, j'ai commencé à voir une lumière qui absorbait tout l'espace, elle avait tout remplacé par une extraordinaire nuée blanche. Et, au centre, il y avait un ange qui avait le même visage éclatant que cet homme qui nous souriait à l'instant dans sa voiture. L'ange que j'ai vu se tenait debout, dans sa main il portait un oiseau blanc et il me parla en ces mots: «Tu dois te rendre à l'aéroport.» J'étais incapable de lui répondre car j'étais complètement submergé par cette vision. Je n'arrivais même pas à demander si ce message m'était bien destiné ou si je devais le transmettre à quelqu'un. Et cependant, tout était clair: quelque chose s'était manifesté à moi et m'avait informé que je devais me rendre à l'aéroport. Et dans le même temps, je n'arrivais pas à me dire: «Je ne peux m'y rendre, on est en plein bombardements!» Et, tandis que mon esprit faisait mine d'objecter, la vision répéta: «Va à l'aéroport.» L'ange me le répéta à trois reprises, et j'entrepris finalement de m'y rendre. J'ai quitté mon travail, et maintenant nous voilà!»

Tout le monde dans la voiture se sentait heureux. Entendre cette histoire nous emplissait de joie, bien que nous avions peur de ce qui nous attendait. Nous étions si contents de voir que c'est l'ange qui nous avait réunis, mais ne pouvions nous empêcher de craindre la traversée des zones de combat. Malgré tout, notre foi était fermement ancrée en nous, car nous avions reçu ces trois signes: d'abord, mon ami a été ordonné par l'ange de venir nous chercher, ensuite l'enfant a également mentionné le message que l'ange lui avait transmis, et enfin le même ange qui avait parlé à mon ami, nous était apparu à tous les trois dans une voiture pour nous dire d'avancer vite sans nous arrêter.

Nous étions sur le point d'atteindre la Ligne Verte, là où le pilonnage et les tirs sont les plus intenses. Il y régnait chaos et confusion. Des deux côtés, les soldats tuaient indifféremment ceux qu'ils trouvaient, sans le moindre scrupule. Ils auraient même eu plaisir à tirer sur un oiseau s'ils en avaient vu un seul. Mon ami freina, et le couple assis à l'arrière, paniqué, se mit à crier: «Pitié! Ils nous regardent! Ils vont nous tuer!» Mais la petite fille s'exclama: «Non! Maman, Papa… vous ne voyez pas les anges qui nous protègent? Ils sont partout, ils sont en train de les enchaîner: les soldats ne peuvent pas bouger! On dirait des momies enroulées dans des chaînes! Ils ne bougent pas!»

A ces paroles, mon ami et moi sentions un éclair de confiance renaître en nous. C'était comme si nous étions dans un avion, en plein milieu des nuages que personne ne pouvait déceler, hormis un détecteur, un radar. La voiture avançait, traversant les rues, comme invisible aux autres. Nous voyions et entendions les combats entre les deux parties, mais personne ne fit attention à nous. Personne n'avait remarqué notre présence. Seuls les anges nous voyaient et nous guidaient, tels des radars guidant, en pleine tempête, l'avion aveugle.

Nous nous retrouvâmes bientôt de l'autre côté. Nous avions traversé en toute sécurité la zone critique, et rien ne nous était arrivé. Nous étions tellement heureux et soulagés, que nous en avions les poils hérissés. Avions-nous vraiment réussi à passer de l'autre côté sans heurts dans l'unique véhicule à travers la Ligne Verte à ce moment? L'enfant ne cessait de répéter: «Les anges nous ont sauvés! Les anges nous ont sauvés!»

Nous continuâmes notre route d'une traite vers le nord pour atteindre Tripoli. Mais tout n'était pas encore fini. Des dangers nous guettaient. Les milices et autres différentes factions avaient leurs soldats postés tout le long de la route: nous devions aussi leur faire face, tout comme nous avions dû faire face aux snipers et aux obus. Mais la confiance que les anges avaient placée dans nos cœurs était si infinie, que nous étions certains d'arriver à bon port. Notre réconfort se trouvait dans la voix de notre plus jeune passager qui nous disait sans arrêt: «Les anges sont avec nous!»

Une demi-heure plus tard, après avoir roulé dans la sérénité et le silence de la nuit, nous vîmes un check-point à un peu plus d'un kilomètre. De nombreuses voitures s'étaient arrêtées, rangées sur le bas-côté, et les gens étaient emmenés. Mon ami se mit à ralentir. La peur commençait à le gagner, bien qu'il fût lui-même général dans l'armée. Nous ne pouvions plus faire marche arrière : cette route était la seule que nous puissions prendre à ce stade. Il n'y avait pas d'autre alternative, nous devions continuer. Et alors que nous approchions, nous pouvions voir les soldats mettre les menottes aux poignets d'hommes et de femmes, sans faire de différence, parfois même les frappant au visage et les bousculant. Les enfants eux-mêmes n'étaient pas à l'abri de leur violence. De nombreux enfants pleuraient et appelaient leurs parents. Sans l'once d'un remords, ni peur de représailles, les soldats les jetaient à terre et leur donnaient des coups de bottes. Ils ne montraient aucune pitié.

Les parents de la petite fille essayaient de la cacher sous le siège, et lui disaient de rester accroupie entre leurs jambes, mais elle leur dit: «Pourquoi êtes-vous si effrayés? Vous ne voyez pas les anges qui viennent vers nous? Regardez-les tous! Certains sont sur le pare-brise, d'autres près des poignées de portes, et d'autres sont derrière, sur le coffre!»

Ces mots apportèrent un si grand soulagement dans nos cœurs. Nous avions toujours l'espoir de passer le check-point sans être blessés. Une fois devant, mon ami s'apprêtait à arrêter le véhicule, mais personne ne faisait attention à nous. C'était comme s'ils ne nous voyaient pas, comme si nous n'existions pas. Nous attendîmes un instant, car ils pouvaient nous tirer dessus si nous décidions d'avancer. Mais personne ne nous remarqua. La petite fille se pencha vers mon ami qui conduisait et lui dit: «Mon oncle, allons-y, ne t'arrêtes pas! Ils ne nous verront jamais car les anges nous recouvrent.» Encouragé par l'enfant, mon ami avança tout de go: il traversa le check-point, et bientôt, ce dernier était loin derrière nous, continuant d'arrêter les voitures après nous. Peut-être étions-nous devenus des fantômes!

Une heure plus tard, nous atteignions Tripoli, sains et saufs. C'était juste après minuit. C'est ainsi que nous fûmes sauvés de la destruction, et de la peur; comme Jonas fut ramené, sain et sauf, hors du ventre de la baleine.

Zahra et les Anges de la Magie

Les voies qui mènent à Dieu sont infinies; leur nombre est similaire à celui du souffle chez les créatures. Dieu a permis que même les enfants, les analphabètes et les illettrés Le connaissent. Il fait apparaître, pour les croyants sincères, une connaissance et un savoir inhérents à la création. Il expose une morale dans une situation qui semble parfois en parfaite contradiction avec l'esprit de sagesse et complètement dénuée d'intérêt. On demanda un jour au saint vertueux: «D'où tires-tu ta conduite angélique?» Il répondit: «Des ennemis des anges qui en sont dépourvus.»

Dieu a créé les anges, rang par rang, en des grades distincts et ordonnés: hiérarchies de lumière et sublimes degrés d'une beauté sans nom. Leur nombre ne peut être dénombré, leurs perfections sont au-delà de toutes énumérations. Leur connaissance n'a pas de limites. Cependant, leur degré auprès de Dieu n'est jamais acquis, mais concédé. D'un autre côté, Dieu accorde un rang à l'humanité, qu'Il lui permet de posséder pleinement. C'est ainsi: ils peuvent atteindre ce degré après s'être affranchi de leur bas désirs, et de s'en être servies comme marches-pieds dans la voie de la perfection. Les anges ayant été créés parfaits, sans ego, nul besoin pour eux d'escalader l'échelle céleste. En effet, Dieu a placé en eux une perfection qui perdure tout le temps de leur existence. Les êtres humains quant à eux sont créés afin de progresser vers la connaissance de Dieu, représentée dans le verset suivant du Saint Coran:

Je n'ai créé les jinn et les hommes que pour qu'ils M'adorent. (:51:56)

Quand Dieu décida de créer Adam, les anges sacrés et vertueux qu'Il a dotés d'un pur amour divin, ressentirent de la pitié pour les Hommes dont ils avaient prévus qu'ils répandraient le sang sur terre. Ils étaient inquiets à l'idée que les êtres humains ne puissent jamais connaître Dieu comme eux Le connaissent. Dieu leur répondit en faisant allusion au secret de la création des êtres humains: c'est par l'effort qu'ils fournissent à cet égard, qu'ils acquièrent les degrés de plus en plus hauts de lumières angéliques. En cela, les êtres humains sont bien sûr différents des anges qui eux obéissent à Dieu sans peines, et possèdent des stations à jamais inchangées.

Lorsque Ton Seigneur confia aux Anges: «Je vais établir sur la terre un vicaire «Khalifa» Ils dirent: «Vas-Tu y désigner un qui y mettra le désordre et répandra le sang, quand nous sommes là à Te sanctifier et à Te glorifier?» - Il dit: «En vérité, Je sais ce que vous ne savez pas!» (2:30)

Pour montrer aux anges les rangs exaltés des Hommes, Dieu leur demanda qui parmi eux iraient sur terre, vivre comme un mortel aux côtés des autres êtres humains, et expérimenter ainsi directement la réalité de la condition humaine. Deux anges se portèrent volontaires: Harout et Marout. Le Coran révèle:

Et ils suivirent ce que les diables racontent contre le règne de Solayman. Alors que Solayman n'a jamais été mécréant mais bien les diables: ils enseignent aux gens la magie ainsi que ce qui est descendu aux deux anges Hârout et Mârout, à Babylone; mais ceux-ci n'enseignaient rien à personne, qu'ils n'aient dit d'abord: «Nous ne sommes rien qu'une tentation: ne sois pas mécréant» ils apprennent auprès d'eux ce qui sème la désunion entre l'homme et son épouse. Or ils ne sont capables de nuire à personne qu'avec la permission de Dieu. (2:102)

Dieu les fit descendre sur terre, et les envoya dans une ville de croyants; l'un devait agir en tant que juge, et l'autre en tant que savant. Durant le jour, ils vivaient comme de simples mortels, mangeant et buvant comme les autres. La nuit, ils retournaient à leur céleste station grâce au Nom le Plus Sacré qui leur avait été octroyé en raison de leur nature angélique.

Il y avait dans cette ville une femme dotée d'une exceptionnelle beauté, du nom de Zahra (certains disent Anahid). Elle réalisa qu'Harout et Marout n'étaient pas des gens ordinaires, mais bien plutôt des anges qui étaient possesseurs d'un immense secret. Elle décida de l'obtenir, quoi qu'il lui en coûte. Elle invita les deux anges dans sa demeure, et leur fit un festin. Elle leur offrit la meilleure des nourritures et la plus désaltérante des boissons. Les anges étaient désormais vulnérables et corruptibles, puisqu'ils avaient été dotés de bas désirs. Sous l'emprise du vin et de la musique, ils se sentirent légers et oublièrent qu'ils étaient des anges. Ils tombèrent amoureux de Zahra, et lorsqu'elle leur demanda de lui montrer leur véritable identité, ils la lui révélèrent et lui dirent quel était le secret du Nom le Plus Sacré. Zahra récita ce Nom sur le champ, et à peine l'eut-elle prononcé, qu'elle s'envola et disparut instantanément de la surface de la terre. On ne la revit plus jamais. Il est dit que le Seigneur des Mondes lui pardonna, et l'édifia dans le firmament, faisant d'elle une étoile. Elle est appelée *Zouhra* (Vénus) et s'élève dans le ciel tôt le matin ou le soir.

Quant aux deux anges restés sur terre, ils recouvrirent peu à peu leurs esprits. Mais, quand ils voulurent réciter le Nom secret, ils virent qu'ils ne pouvaient plus quitter leur matérialité physique. Ils s'étaient inextricablement embourbés dans les mondanités existentielles, ceci parce qu'ils avaient, pour un court instant, troqué le manteau du rappel de Dieu, pour celui de celui de ce du monde. C'est à cet instant là qu'ils prirent la pleine mesure de l'effectivité de ce qui s'était passé. Ils réalisèrent la vérité de la parole de Dieu concernant les êtres humains, et étaient impressionnés de la force d'âme des prophètes et des saints qui jamais n'avaient perdu Dieu de vue, ne serait-ce que pour une seconde – et ce bien qu'ils aient été humains. Quand Dieu vit leur repentir, il leur dit: «Comprenez-vous maintenant quel rang possède l'humanité, et combien ils Me sont chers? S'ils décidaient se rapprocher de Moi d'un empan, Je me rapprocherai d'eux d'une coudée; et s'ils marchaient vers Moi, Je courrai vers eux; et s'ils se souviennent de Moi, Je Me souviendrai d'eux.»

Harout et Marout ont été maintenus sur terre, une leçon et une épreuve pour les êtres humains. Au fil du temps, de soi-disant adeptes en magie affluèrent car ils souhaitaient obtenir d'eux un quelconque enseignement, mais ils se trouvaient toujours confrontés à la même réponse: «Nous ne sommes que tentation, prenez garde! Souvenez-vous de Dieu, et ne vous détournez pas de Lui.» Ils enseignèrent aux êtres humains tous les arts ésotériques, toutes les branches des «savoirs occultes»: l'astrologie, l'alchimie, la numérologie, l'art de guérir, et la magie. Ils ne transmettaient toutefois ces connaissances qu'après avoir dûment mis en garde celui ou celle qui y prétendait: si son cœur était pur, il était en sécurité mais, dans le cas contraire, il était en danger car il pouvait se perdre parmi les créatures inférieures de la terre, les *jinn*.

Il existe soixante versets mentionnant la magie dans le saint Coran. «Magique et attrayant» sont les attributs de cette vie mondaine dans le langage des anges, les prophètes et les saints. Dans la tradition prophétique, l'éloquence et la poésie sont aussi décrites comme possédant quelque chose de «magique et enchanteur.» Dans leurs expressions les plus absolues, de tels arts charment une audience considérable, comme le feraient des incantations. La musique a aussi une emprise magique sur nos sens, et nous emmène dans un monde d'euphorie et d'allégresse. Ces réalités peuvent être considérées comme un type de magie «constructive.» Et, sous cette apparence, elle bénéficie à l'humanité. D'un autre côté, il existe une autre magie qui sépare les maris de leurs femmes, divise les amis, les frères et sœurs, ou qui entraîne encore des épreuves difficiles dans la vie d'autrui. Cette sorte de magie est inacceptable à cause de la capacité qu'elle a à détruire tout autour d'elle.

La magie peut être bénéfique, de la même manière qu'elle peut détruire: cela dépend de l'esprit. Cette dualité dans la magie est reflétée dans l'histoire de ces deux créatures qui sont à la fois anges et hommes: à partir de leur dimension humaine, ils oublient et à partir de leur dimension angélique, ils se rappellent et enseignent. Les gens qui travaillent avec les forces psychiques aujourd'hui sont également divisés en deux groupes. Il y a ceux qui apportent exclusivement aux autres des biens matériels, et qui ne les empêchent pas de nuire aux autres. Ils doivent être évités absolument. Ils sont un danger pour eux-mêmes, et pour ceux aussi qui les consultent. Puis, il y a ceux qui aident les autres à bâtir leur vie de manière constructive et efficace, et spirituelle. Ces derniers œuvrent pour le bien, et ils ont l'assistance du pouvoir des anges.

Ourwa et l'Ange de la Consolation

L'ange de la consolation suit les sillons de l'ange des larmes. Lorsque l'ange des larmes touche le cœur d'une personne avec son aile, elle se met à pleurer.

Un jour, l'un des grands saints du nom d'Ourwa atteignit un âge très avancé, et demanda à Dieu de le ramener à Lui, et de Le placer parmi Ses bien-aimés. Un jour, alors qu'il récitait cette prière au bord de la tombe de Saint Jean le Baptiste à Damas, il vit s'approcher un jeune homme d'une grande beauté et tout de vert vêtu, recouvert d'une lumière flamboyante. Le jeune fit un sourire à Ourwa et lui dit: «Ô père, que Dieu vous bénisse! Quelle est cette prière que vous récitez?» Ourwa lui répondit: «Ô mon fils, que la miséricorde de Dieu soit sur toi! Je prie pour une fin des meilleures et pour être rappelé à Dieu en un éclair, vers une rencontre avec les élus. Qui es-tu donc, mon cher enfant?» Le jeune homme dit alors: «Je suis la miséricorde de ton Seigneur, envoyée pour consoler les êtres humains. Mon nom est Artiya'il, et je suis un ange. J'ai été créé pour chasser la tristesse et la souffrance des poitrines de ceux qui sont les aimés de Dieu.» Puis, l'ange disparut, et Ourwa vit son affliction disparaître avec lui.

Un jour, les disciples d'un autre grand saint allèrent à la rencontre d'un certain peuple d'Asie Centrale, et des semaines passèrent sans qu'aucun d'eux ne revienne. Leur maître, un jour qu'il méditait, avait le cœur plein: il était inquiet que quelque chose ne leur soit arrivé. Un oiseau de couleur verte, issu du Paradis, vint se poser à sa fenêtre et se mit à chanter d'une voix qui effaça toute peine à l'intérieur de son cœur. «Je suis Artiya'il, je suis le briseur des afflictions! Je suis le porteur de bonnes nouvelles aux cœurs des enfants, des hommes et des femmes, des jeunes et des vieux. Je t'apporte des nouvelles de tes aimés.» Plus tard, le maître dirait: «Je savais qu'Artiya'il viendrait, mais d'abord il me fallait perdre espoir!»

Artiya'il est l'ange qui permet aux êtres de retourner à leur vie normale et de se libérer des tourments de la dépression et de l'anxiété. Ces maux de l'âme sont de grandes épreuves que Dieu envoie aux êtres humains pour leur rappeler de ne pas courir après les biens matériels et qu'ils n'oublient pas leur héritage angélique. Les anges sont toujours dans le souvenir de Dieu, et s'ils s'arrêtaient, ils cesseraient instantanément d'exister aussi. De la même manière, les Hommes ont besoin de se rappeler le Créateur de tout ce qui les entoure, afin de vivre heureux dans le monde environnant.

> *En vérité, les bien-aimés de Dieu seront à l'abri de toute crainte, et ils ne seront point affligés, ceux qui croient et qui craignent [Dieu]. Il y a pour eux une bonne annonce dans la vie d'ici-bas tout comme dans la vie ultime. (10:62-64)*

Dieu ordonna aux anges de servir ceux qui se rappellent de Lui, et de combattre ceux qui L'oublient. Ceci non pas pour les punir mais pour les aider à s'amender. Les bébés et les enfants pleurent lorsqu'on leur donne des médicaments amères. Les adultes savent combien les énergies angéliques de bonté et de beauté leur sont nécessaires, et s'ils choisissent d'ignorer de tels besoins, ils en sont rappelés via le remède de la dépression. Cette dernière est «l'effet de choc» apparaissant dans le système de ceux qui ont oublié Dieu, le Créateur de la bonté et de la beauté.

La caractéristique d'une nature angélique est celle de pouvoir être à même de manger et dormir dans le souvenir continu de Dieu, là où les bêtes de somme sont incapables de se nourrir sans faire preuve de légèreté et de dormir sans abandonner leur esprit. Quand les êtres humains font cela sur une longue période, la rouille atteint leur cœur et s'y propage. La dépression s'installe et la mélancolie y trouve sa demeure permanente. C'est pourquoi le Prophète a dit: «Toute chose possède une cire, et celle du cœur est le souvenir de Dieu.»

La dépression est une maladie du cœur et de l'âme, rendue uniquement possible par la négligence insouciante. Un cœur vigilant a la foi, l'espoir et la confiance postés à sa porte d'entrée, tels des anges-gardiens. Les cœurs des Hommes sont un précieux trésor, et nombre de voleurs se dissimulent et rôdent dans ses environs, prêts à le déposséder à piller complètement. Cependant, quand le possesseur du trésor est un ami de Dieu, ce qui est entre ses mains est sous bonne garde. Et les gardiens sont alors nourris et rétribués avec une devise que sont la foi et le souvenir. Si la foi est inexistante, il n'y a pas de gardiens; s'il n'y a pas de souvenir, il n'y a aucun salaire. Et, sans les gardes, les portes du palace sont laissées à l'abandon, et toute chose indésirable peut s'y engouffrer. Les voleurs ne pénètrent jamais une maison vide! C'est pourquoi le Saint Coran insiste:

Certes, Nous avons honoré les fils d'Adam. Nous les avons transportés sur terre et sur mer, leur avons attribué de bonnes choses comme nourriture, et Nous les avons nettement préférés à plusieurs de Nos créatures.(17:70)

Le sens de cet honneur, c'est qu'il est le trésor que Dieu a déposé dans les cœurs des êtres humains.

A celles et ceux qui ont la capacité de se connecter avec eux, les anges transmettent un enseignement qui leur permet de ne jamais se faire abuser ou déposséder des lumières angéliques ancrées dans leurs cœurs.

Un Saint et l'Archange Michaël

Un Saint et l'Archange Michaël

Le Seigneur a créé l'Archange Michaël et lui a mis en charge de la nature, la pluie, la neige, le tonnerre, les éclairs, le vent, ainsi que les nuages. Dieu a établi une création entière d'anges pour l'assister et les a placés sous son commandement. Ces anges sont innombrables et nul autre que Dieu connaît leur nombre. Dieu a donné à Michaël le pouvoir d'appréhender d'un seul regard toute l'étendue des univers créés, sans l'immixtion d'autres sphères. Il sait, à chaque instant, où expédier la pluie, le vent, la neige, et les nuages sans aucun effort de sa part.

Les anges qui l'assistent se tiennent en rang, d'une taille la plus titanesque que l'homme puisse imaginer à celle des espèces les plus minuscules vivant sur terre. Ils remplissent l'atmosphère entière de chaque étoile et de chaque planète, dans chaque univers. Leur louange à Dieu peut être entendue des autres anges, des prophètes, des saints, et des jeunes enfants.

Le tonnerre Le glorifie par Sa louange, et aussi les Anges, sous l'effet de Sa crainte. Et Il lance les foudres dont Il atteint qui Il veut. Or ils disputent au sujet de Dieu alors qu'Il est redoutable en Sa force. (13:13)

Michaël est l'ange de miséricorde, qui est un autre nom pour «pluie» en arabe. Il est créé de la lumière de l'attribut de Dieu, al-Rahman soit «le Miséricordieux». Et, après que l'enfer fut créé, nul ne l'a plus vu sourire à nouveau. Il a été créé avant l'archange Gabriel.

Un jour, Gabriel et Michaël firent une visite au Prophète Mouhammad, que la paix soit sur lui. Il avait un cure dent entre ses doigts, qu'il tendit immédiatement à Gabriel, l'ange qui lui transmettait continuellement la Révélation. L'archange lui dit: «Ô Mouhammad! Donne-le à l'ange plus âgé.» Le Prophète le donna alors à Michaël. Le Prophète dit alors: «Dieu m'a envoyé deux assistants célestes pour m'aider à délivrer mon Message: Gabriel et Michaël.» Dieu envoya tout le temps Gabriel et Michaël, lorsqu'il s'agissait d'affaires importantes pour les êtres humains.

Gabriel est celui qui appelle à la prière (muezzin) dans les cieux, et Michaël est celui qui la guide (imam). Dieu a créé une maison pour Lui dans le Paradis (*al-Bayt al-Mamour*) où les anges font le pèlerinage quotidiennement, cinq fois par jour. Dans ce lieu, se tient un office de cinq prières, et chacune d'elles est proclamée par Gabriel et dirigée par Michaël. Les anges approchent, tout de lumière vêtus, embaumant et parés de joyaux, ils chantent et louent Dieu de leur céleste musique. Il y a des gens sur terre, particulièrement les enfants, qui sont capables d'entendre leurs voix. Lorsqu'ils entendent ces mélodies, ils ressentent un plaisir indescriptible. Chaque ange exprime ses éloges dans un langage différent des autres, distinctement, sans anicroche ni disharmonie. Tous implorent au Seigneur de faire miséricorde aux êtres humains, et ils Lui demandent également d'élever leurs degrés afin qu'ils puissent voir et entendre ces cérémonies de chaque jour. En récompense aux glorifications des anges, pour la sincérité de leur intercession, et pour leur montrer l'étendue magistrale de Sa miséricorde, Dieu répand celle-ci sur toute l'humanité, et à chaque instant.

La maison de Dieu exista sur la surface de la terre, jusqu'aux temps du Prophète Noé. Les gens venaient des quatre coins du monde pour en faire solennellement le tour, comme le font aujourd'hui les pèlerins à la Mecque, autour de la Kaaba. Quand Dieu décida d'envoyer sur terre le déluge qui dévasterait le monde entier, Il ordonna à Ses anges de transporter la Demeure Céleste jusqu'au quatrième ciel. Depuis lors, elle y est élevée et les anges font continuellement la circumanbulation autour d'elle, avec déférence. La Maison a été changée en un Palais du Paradis, et le seul vestige encore sur terre est la Pierre Noire de la Sainte Kaaba: elle était blanche comme le Palais d'où elle avait été extraite, mais les péchés de l'homme l'ont obscurcie et noircie. Elle fut laissée dans ce bas-monde pour mémoire. Tous ceux qui l'embrassent, c'est comme s'ils avaient embrassé la main droite de Dieu sur terre.

Tandis que les anges portent la Demeure Céleste au ciel, leurs bras enceignent la bâtisse. Et, sur commande divine, ils tombent en pâmoison et nul ne saurait dire alors si ce sont les anges qui portent la Demeure ou si c'est la Demeure qui porte les anges, car le simple fait d'élever cette Demeure Sacrée leur fait perdre tous leurs sens. Dans le quatrième ciel, Dieu Tout-Puissant a créé une chaire d'émeraude verte à l'intérieur de la Demeure. Il en a multiplié les portes, elles sont au nombre de trois. L'une est faite de topaze, la deuxième de béryl vert, et la dernière est façonnée d'or rouge. Il a créé une niche de prière formée de perles d'un blanc immaculé, et Il a mis une séparation devant elle, en plaçant un rideau de pierres précieuses de toutes sortes. A côté, Il a dressé le minaret à l'opposé de la porte centrale de la Demeure qui n'est que diamants. Quand vient l'heure de la prière hebdomadaire en congrégation, et que ceux qui font l'appel montent sur les minarets dans les mosquées, Dieu ordonne à l'ange Gabriel de se rendre sur le minaret constitué de diamants pour faire l'adhan, soit l'appel à la prière. Quand, dans l'ensemble des sept cieux, les anges entendent sa voix, ils se réunissent tous autour de la Demeure Céleste, dans le quatrième ciel.

Puis, l'ange Michaël se rend sur la chaire et délivre le sermon, et une fois terminé, il redescend et l'ange Israfil guide les assemblées d'anges dans l'accomplissement de la prière hebdomadaire du Vendredi. Une fois récités les derniers mots de la prière, Gabriel se lève et dit aux anges: «Ô mes frères anges! Soyez témoins de ce que je m'apprête à dire. Je retourne toutes les grâces que Dieu Tout-Puissant a inscrit en ma faveur pour avoir fait l'appel à la prière aujourd'hui, au profit des enfants d'Adam – ceux qui, en ce jour, ont appelé les gens à accomplir la prière pour la gloire et l'amour de Dieu, dans tous les minarets du monde.» Et, Michaël se leva à son tour et dit: «Vous autres, assemblées d'anges! Soyez témoins de mes paroles: les rétributions du sermon d'aujourd'hui, je les offre en présent à tous ceux qui ont délivré un prêche congrégationnel sur terre et pour la gloire et le plaisir de Dieu.» Puis, Israfil se leva lui aussi et s'adressant aux anges, il leur dit: «Ô anges de Dieu! Soyez témoins que je rends toutes les faveurs que Dieu Tout-Puissant m'a accordées pour avoir dirigé la prière hebdomadaire, à chaque guide de prière qui aura fait de même sur toute la surface du globe.»

Tous les autres anges dirent à l'unisson: «Dieu nous a créés pour aimer les êtres humains, pour prendre soin d'eux et pour déposer dans leurs cœurs la paix et le bonheur. Nous sommes à la fois leurs serviteurs et leurs affectueux vigiles. Tous ceux que Dieu a créés dans les cieux et sur terre doivent porter le témoignage que nous avons donné les rétributions accordées à nos prières, à tous ceux qui auront accompli cette prière avec une intention sans tâche et une véritable pureté de cœur.»

Le Seigneur Tout-Puissant des cieux leur a dit: «Ô Mes anges bien-aimés que J'ai créés de la lumière d'amour et de beauté; essayeriez-vous donc d'être plus magnanimes que votre Seigneur? Sachez bel et bien que, par le foisonnement de ma munificence, J'ai prescris Mon entière miséricorde pour chaque serviteur au sein de Ma cour dont le front se sera incliné devant Moi et aura touché la terre aujourd'hui, et aussi pour Mes serviteurs qui n'auront pu se rendre à la prière en congrégation, quelle qu'en soit la raison. J'ai accordé des faveurs illimitées à tous ceux qui ont honoré ce jour et qui ont abaissé leurs têtes dans une respectueuse, et révérencieuse adoration.

Pour chaque croyant et ses anges-gardiens, Dieu crée un arbre au Paradis. Sous son ombre, la distance de part et d'autre est de cent ans. Ses feuilles sont d'émeraude verte, ses fleurs sont constituées d'un diamant très rare et leur couleur est d'or. Ses branches sont faites de soie brochée, et ses fruits ont une céleste saveur. La sève qui coule à l'intérieur est de miel et de gingembre. Son tronc est un saphir, sa terre est de musc, et son herbage de safran. De ses racines, jaillissent d'éternelles rivières qui s'écoulent au loin et dans toutes les profondeurs. A ses pieds, un trône est érigé pour son possesseur et il est décoré de toutes sortes d'ornements. Dieu a créé des anges d'une beauté incomparable pour accueillir cet être. Ils sont à son service, le visage resplendissant comme la lune, et leurs cheveux ressemblent à des colliers de perles. De leurs yeux, émane une lumière laissant découvrir une multitude de lucarnes où de nouvelles créations sont façonnées et établies, seulement pour lui.

Michaël est gardien des Arbres-Cloche du Paradis. Ce sont des arbres en or, accompagnés de cloches en argent et de chacune d'elles, une lumière émane sur une distance de mille ans. Les anges guident les habitants du Paradis avec la lumière de ces cloches, elle leur permet de voir ce qu'aucun œil n'a jamais vu, d'entendre ce qu'aucune oreille n'a jamais entendu, ce qu'aucun esprit n'a jamais imaginé. Dieu dit à Michael : «Ordonne aux Arbres-Cloche d'exsuder de ses branches un musc qui ravira les habitants du Paradis et dont le parfum n'aura jamais été senti par qui que ce soit». Michaël ordonne alors qu'un vent de bois de santal apparaisse sous le Trône de Dieu, et se dépose sur ces arbres. Ce parfum réveille les cloches, faisant ainsi naître une douce mélodie qui emplit tout l'air. Et, si les êtres sur terre pouvaient l'entendre, ils mouraient dans l'instant à cause de l'intense délectation qu'elle leur procurerait.

Un saint va chercher du bois dans une forêt pour son feu. Nous sommes en plein hiver et il neige beaucoup. Il voit une lumière apparaître entre les arbres. Et, alors qu'il approche de celle-ci, il remarque un homme se tenant en son centre et qui récite:

«Loué soit Dieu qui fait naître la foi dans le cœur,
Et suscite la douceur des langues qui Le déclarent Un
Qui a fait plier les tyrans devant Lui,
Et a enroulé le globe qu'Il étreint dans Sa main
Ce qui était, et est, est sur le point d'advenir!
Le saint l'approcha et lui dit: «Que la Paix soit sur toi!
Et sur toi la paix, Ô saint de Dieu!
Qui es-tu et comment se fait-il que tu me connaisses?

La lumière de la connaissance a illuminé mon cœur. Je te connais avec la certitude de Celui Qui est assis sur le Trône. Mon nom est Michaël, l'ange.

Ô Michaël! Quand le serviteur de Dieu a atteint le rang de saint?

Lorsque le drapeau de la guidance s'agite au-dessus de lui, et que la lumière de protection englobe tout son être. A cet instant, l'état de perfection commence à se manifester.

Parle-moi davantage de cet état.

Dieu a des serviteurs modérés en langage, qui respectent les vigiles, et qui se parent des manteaux des louanges de Dieu. Leurs larmes sont telles des rivières dans la Divine Présence de Dieu; car leur intercession pour l'humanité est continue. Ils ne prennent en nourriture que ce qui est nécessaire à leur survie, et

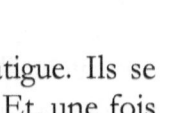

ils ne dorment que lorsqu'ils sont épuisés par la fatigue. Ils se purifient jusqu'à atteindre une station de proximité. Et, une fois rapprochés, Dieu échange le vêtement de leur indigence avec celle de Son pouvoir et de Sa générosité. Ceux qui les regardent à cet instant ne voient rien d'autre que Lui.»

Puis Michaël récita:

Les jardins d'Eden, où ils entreront, ainsi que tous ceux de leurs ascendants, conjoints et descendants, qui ont été de bons croyants. De chaque porte, les Anges entreront auprès d'eux: «Paix sur vous, pour ce que vous avez enduré!» - Comme est bonne votre demeure finale!» (13:23-24)

Michaël est assisté par un ange nommé Tonnerre, le dépositaire des nuages qui les envoie partout, là où Michaël souhaitent qu'ils se rendent. Il tient un énorme bâton avec lequel il frappe les nuages, et les fait se mouvoir selon le bon vouloir de Dieu. La voix que nous entendons durant l'orage est le son de ses louanges. De ce son, Dieu créé un ange escortant chaque goutte d'eau qui tombe dans la mer et sur la terre. Ces anges font descendre la miséricorde de la pluie, puis retournent en Présence Divine. Ils sont tous sous le commandement de Michaël, sauf les flocons de neige. Les anges qui accompagnent la neige viennent sur terre et demeurent parmi les êtres humains pour glorifier et louer Dieu. Leurs rétributions sont écrites dans les livres des Hommes, et leur seront comptabilisées en propre au jour du Jugement Dernier. C'est pourquoi la neige est une bénédiction bien plus grande que ne l'est la pluie.

Les nuages sont gardés par un ange-dépositaire nommé Annan, et la foudre par un autre pareil nommé Raphaël. Raphaël possède quatre visages différents : l'un céleste, l'un humain, le troisième visible des gens de la tombe, et le dernier de ceux qui sont dans l'Au-Delà.

Un jour, un saint du nom de al-Ghoujdawani reçut le commandement céleste, par l'intermédiaire de Michaël, de visiter une certaine montagne, et d'en contempler un de ses rochers en usant du Pouvoir Divin dont Dieu l'a doté. Quand il observa cette énorme pierre, des milliers de sources ont jailli d'elle tout à coup, et formèrent une énorme cascade. Dieu dit: «De chaque goutte de cette eau, Je crée un ange dont la louange continuera, perdurera jusqu'à la Vie future. Leurs rétributions seront inscrites dans le livre des Hommes. Ta mission Ô Ghoujdawani, sera de donner à chacun de ces anges un nom différent des autres et ils seront tous sous le commandement de Michaël.

En demandant à Ghoujdawani de donner des noms à des millions d'anges et en lui permettant de les distinguer chacun par leurs caractéristiques individuelles, Dieu a démontré qu'Il lui a fait don d'un pouvoir angélique de création et d'une connaissance surpassant celle de Ses autres serviteurs. Tel est le cadeau que Dieu fait à Ses saints – Il fait en sorte qu'ils soient comme les anges, et s'enorgueillit d'eux devant le céleste hôte.

Un Saint, et les Anges des Feuilles d'Arbres, des Rêves et Pprémonitions, de la Tombée de la Nuit et du Lever du Jour

Dieu a créé parmi les anges un groupe distinct des anges-rapporteurs. Ils ont la charge de chaque graine sur terre et de chaque feuille qui tombe sur le sol, et de toutes choses dans la nature, sèches et humides, vertes et éteintes.

Et pas une feuille ne tombe qu'Il ne le sache. Et pas une graine dans les ténèbres de la terre, rien de frais ou de sec, qui ne soit consigné dans un livre explicite. (6:59)

Ils supervisent les évènements dans la vie des êtres humains, et d'autres créatures faisant partie du règne de la nature sauvage et inhabitée. Si une personne se retrouve seule et sans aucun secours quelque part, qu'elle dise alors: «Ô serviteurs invisibles de Dieu, apportez-moi votre soutien! Et que la miséricorde de Dieu soit sur vous.» Ahmad ibn Hanbal a dit: «J'ai effectué le pèlerinage cinq fois, et trois fois je m'y suis rendu à pied. Un jour, je me suis perdu en plein désert, je n'ai donc cessé de répéter: Ô serviteurs de Dieu, guide-moi sur le bon chemin! – et je trouvais alors ma route peu de temps après.» Quand nous récitons cette prière avec sincérité, les anges nous guident et nous protègent des vicissitudes liées au voyage, et de l'hostilité des esprits rebelles.

Les anges de la nature sont sous l'autorité de l'Archange Michaël, et eux ont l'ascendant sur des légions angéliques qui implorent constamment le pardon pour les êtres humains. Leur intercession est comme le nombre infini d'espèces, et de genres, présents dans la nature dont ils ont la charge. Ils demandent l'intercession de leur Seigneur et Créateur pour tout ce qui est grand et petit. Et même les feuilles d'arbres sont la cause du pardon accordé aux Hommes, et le Seigneur de la création béni ces derniers grâce à elles.

Un saint illustre s'était purifié au point d'entendre l'intercession des anges des feuilles d'arbres et de la nature. Un jour, il récita avec eux:

> *Loué sois le Seigneur de la création,*
> *Le Seigneur de toute chose,*
> *Qui a créé avant que le ciel élevé,*
> *Et la terre aplanie,*
> *Avant que les montagnes ne furent érigées,*
> *Et que les sources ne furent amenées à sourdre,*
> *Avant que les océans ne furent contrôlés et les fleuves domptés,*
> *Avant que le soleil ne fut embrasé, et la lune et les étoiles,*
> *Qui écrivit dans le Livre de Sa connaissance le nom*
> *De chaque goutte de pluie, de chaque feuille et de chaque graine,*
> *A qui appartient ce qui descend des cieux*
> *Et ce qui s'élève de la terre,*
> *Et tout ce qui pousse sous elle,*
> *Et l'a confié à Ses serviteurs,*
> *Les loyaux, indéfectibles, inlassables anges.*

Il a également créé l'ange des rêves et prémonitions. Une Tradition du Prophète Mouhammad dit: «Le bon rêve est l'une des quarante-six parts de la prophétie.» Ce sont des anges particuliers qui exposent des visions et des sons au dormeur. Ces images prennent une forme physique qui peut être perçue dans le rêve même des individus. Chaque rêve convient, en propre, au rêveur. La preuve en est que celui qui dort dans un endroit où beaucoup d'autres personnes éveillées sont présentes, voit ce qu'aucun autre ne voit dans le même moment. Chaque personne a son propre ange en charge de lui envoyer les informations contenues dans ses rêves.

De fait, les rêves peuvent s'avérer véridiques, confirmant ce qui serait sur le point d'arriver dans le futur du dormeur, si ce n'est qu'il le voit à l'avance. D'un autre côté, le rêve peut référer à point de connaissance spécifique, spirituelle ou autrement prodigieuse, dans la vie réelle de celui qui rêve. Dans d'autres cas, il peut être porteur de bonnes nouvelles ou encore un avertissement.

Abou Bakr Bin Farouq écrivait une fois au sujet des rêves qui nous avertissent d'un évènement futur et leurs liens avec le règne angélique. Une nuit de l'année 1165, un mardi, il dormit. Il vit un ange s'approcher de lui, habillé d'un corps subtil et lumineux. L'ange lui dit: «Dieu nous a créés et Il t'a créé. C'est Lui qui te fait vivre et mourir; Lui Qui te ressuscite et t'envoies au Paradis; Lui Qui te connecte avec ton âme après la mort. Tout ce que nous recevons dans les cieux vient de Lui, et tout ce que vous recevez sur terre vient de Lui.» L'ange disparut et le dormeur se réveilla. Il écrivit alors: «J'ai su, en un clin d'œil, que l'ange m'avait transmis toute la connaissance dont j'avais besoin pour compléter mon travail. Quand je relevais ma plume, mon livre sur les anges et les rêves était terminé et faisait six cent pages.»

Dieu a créé un ange du nom de Sharahil, qui est le maître-administrateur de la nuit. Quand, chaque soir, arrive le temps de la nuit, il suspend un diamant noir à l'Ouest, et quand le soleil voit ce diamant, il accélère sa course vers son objectif, car il a pour ordre de ne pas se fondre à l'ouest tant qu'il n'aura pas vu ce diamant. C'est pour cette raison qu'il semble toujours se coucher à grande vitesse, lorsqu'il est près de la tombée de la nuit.

A l'aube, un autre ange du nom de Harahil, à qui est confié le lever de soleil, apporte avec lui un diamant blanc et le suspend à l'Est. Tels des pôles géants aimantés, ces diamants angéliques font en sorte de maintenir l'équilibre dans la rotation de la terre et s'assurent de la progression ordonnée du jour et de la nuit.

Le soleil ne peut rattraper la lune, ni la nuit devancer le jour; et chacun vogue dans une orbite. (36:40)

Par le soleil et par sa clarté! Et par la lune quand elle le suit! Et par le jour quand il l'éclaire! Et par la nuit quand elle l'enveloppe! Et par le ciel et Celui qui l'a construit! Et par la terre et Celui qui l'a étendue! Et par l'âme et Celui qui l'a harmonieusement façonnée; et lui a alors inspiré son immoralité, de même que sa piété! A réussi, certes, celui qui la purifie. Et est perdu, certes, celui qui la corrompt. (91:10)

Le soleil ne peut jamais se lever avant d'avoir aperçu le diamant, et le voir, c'est alors l'ordre pour lui de s'élever. Le soleil ne se lève jamais de gaieté de cœur, mais il est exhorté à le faire par soixante-dix mille anges, à chaque instant.

Ces anges s'adressent au soleil en des termes très sévères, lui disant:

«Vas-tu te lever à la fin, ou bien allons-nous te battre et te jeter des pierres?»

Mais la réponse du soleil est ainsi: «Comment pourrais-je m'élever dans les cieux, quand je sais pertinemment que je serai adoré en lieu et place du Créateur?»

Les anges persistent: «Le Seigneur t'a ordonné de t'élever, alors élève-toi!»

Cela se passe continuellement, étant donné que le soleil se lève toujours quelque part, et les anges doivent parfois mettre leurs menaces à exécution. C'est pourquoi on voit parfois le soleil «frappé» par des astéroïdes, ceux-ci le percutent et causent d'énormes déflagrations, ils provoquent aussi des cratères considérables. Quand enfin il se lève, sept autres anges ont la charge de déverser de la neige sur lui, sans quoi toute chose sur terre se consumerait.

Les Anges, un Saint et le Parler en Langues

Un jour, aux derniers instants de sa vie, un saint dit une prière à Dieu: «Ô Dieu! J'ai vécu dans la crainte de Toi, mais aujourd'hui voici ma supplique. Tu sais que je n'ai jamais préféré ce monde à Toi. Jamais, je n'ai essayé de tricher ou de tromper autrui, d'accumuler les fermes, les palaces et les propriétés remplies d'arbres fruitiers, de multiplier le bétail, et de stocker des biens. Tu sais que j'ai passé toute ma vie à essayer de soutenir le pauvre, visiter le malade, aider celui qui le demande, accueillir l'étranger, et que je me suis soucié de Ta création. Tu sais que je me suis rendu aux réunions angéliques des gens de bien, chantant et récitant Ton souvenir, en appelant toujours à Toi. Tu sais que j'ai recherché l'assistance de Tes anges. Ô Dieu! Tu sais combien il tarde à mon cœur de Te rencontrer. Ô mon Seigneur! Cette douleur de l'amour en moi me fait perdre l'esprit, elle est la cause de ma défaillance. Je ne peux supporter cela plus longtemps.» Là, il s'évanouit.

Le saint vécut toute sa vie en harmonie avec l'adoration infinie et illimitée de la création. Le Prophète Mouhammad a montré à ses compagnons cette glorification infinie en leur permettant d'entendre les louanges des pierres, des animaux et des arbres adressées à Dieu. Toute la création Le glorifie constamment et se prosterne devant Lui.

Et c'est devant Dieu que se prosterne tout être vivant dans les cieux, et sur la terre; ainsi que les Anges qui ne s'enflent pas d'orgueil.
(16:49)

Les êtres humains sont élevés à un rang des plus considérables, étant eux-mêmes cités sur le même plan que les anges. Pour cette raison, les anges répandent des bénédictions particulières sur ceux qui se rappellent de leur Créateur, et Dieu S'enorgueillit d'eux par ces paroles: «Voyez Mes serviteurs qui délaissent leurs plaisirs malgré eux pour M'adorer.»

> *Ceux qui disent: «Notre Seigneur est Dieu», et qui se tiennent dans le droit chemin, les Anges descendent sur eux. «N'ayez pas peur et ne soyez pas affligés; mais ayez la bonne nouvelle du Paradis qui vous était promis. (41:30)*

Le Prophète révèle que Dieu a créé des anges spéciaux qui parcourent la terre afin de repérer ceux qui sont engagés dans Son dhikr (Souvenir). Quand ils trouvent un groupe qui Le glorifient et louent Son nom, ils se rassemblent et recouvrent l'assemblée en formant des strates successives d'anges jusqu'à atteindre le ciel le plus proche, dont la distance est cernée par la connaissance de Dieu. Puis, Dieu demande à Ses anges: «Que font Mes serviteurs?» Il ne demande pas parce qu'Il l'ignore, mais parce qu'Il veut que la réponse soit exprimée à haute voix, afin que nous l'entendions nous-mêmes.

Les anges répondent: «Ils Te louent et renchérissent Ton nom, Te glorifient et récitent Tes Attributs magnifiques!»

Dieu demande alors: «Mes serviteurs M'ont-ils vu?» Et quand les anges répondent: «Non.» Dieu les interroge: «Quelles sortes de louanges réciteraient-ils s'ils M'avaient vu?»

Les anges répondent: «Ô notre Seigneur! S'ils Te voyaient, ils seraient incapables de cesser de T'adorer, de Te louer, et de clamer leur amour pour Toi.»

Dieu demande ensuite: «Que souhaitent Mes serviteurs?» Les anges répondent: «Ils Te demandent Ton Paradis.»

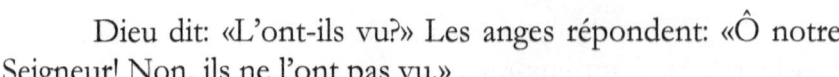

Dieu dit: «L'ont-ils vu?» Les anges répondent: «Ô notre Seigneur! Non, ils ne l'ont pas vu.»

«Et, qu'en serait-il s'ils le voyaient?» demande le Seigneur.

Les anges répondent: «S'ils étaient susceptibles de le voir, ils en seraient d'autant plus attirés, au point d'oublier tout le reste de leur existence!»

Dieu demande: «A quoi tentent-ils d'échapper?»

Les anges répondent: «Ils fuient le feu de l'enfer, qui les terrifient.»

«L'ont-ils vu?» demande Dieu.

«Ô notre Seigneur! Non, ils ne l'ont pas vu.» répondent les anges.

«Et, qu'en serait-il s'ils le voyaient?» dit Dieu.

Les anges répondent: «S'ils voyaient ton feu, ils seraient plus prompt à le fuir, au point qu'ils en oublieraient toute leur vie!» A cet instant Dieu dit: «Ô Mes anges sur terre et dans les cieux! Je vous prends à témoins de Ma promesse que Je leur ai pardonné.» L'un des anges dit: «Ô mon Seigneur! Il y avait, parmi eux, une personne qui ne faisait pas partie de leur groupe, et qui n'était là que pour tout autre chose.» Dieu dit: «Si quelqu'un venait à s'asseoir en compagnie d'une telle assemblée, ses péchés lui seraient pardonnés, et il n'aurait strictement rien à craindre.»

Quant à notre saint homme, lorsqu'il se réveilla, il continua à implorer le Seigneur: «Ô Dieu ! Tu sais que j'ai un fils, mort en martyr, et il m'est apparu dans sa forme angélique pour me dire qu'il était dans une assemblée d'anges, de prophètes, de saints véridiques, de martyrs, et de gens vertueux. Ô Dieu! Accorde-moi d'être moi aussi parmi eux.» A cet instant, il put voir les anges qui l'entouraient. Ils le saluaient en souriant, et l'encouragèrent avec de douces paroles. Il se vit s'élever dans les airs, interpellant les anges par leurs noms. Il dit: «Voici Artiya'il, et là c'est Hara'il, et voilà l'ange des ombres, et l'ange du vent, et l'ange de l'enfant à naître et l'ange des larmes, et voilà l'ange de la mer, et l'ange du tonnerre, et voici l'ange Gabriel, et l'ange Michaël, et voilà Ridwan l'ange du Paradis, et celui-ci est Malik l'ange de l'enfer. Voici les anges du sommeil et des rêves, et les anges de la provision, et les anges de la végétation, et les anges-esprit, et les chérubins, et les séraphins, et les anges-rapprochés, et les anges des montagnes, et Raphaël, et ceux-là sont les anges des feuilles d'arbres, et voilà les anges de la planète terre, et ceux des étoiles, de la lune, du soleil, et des galaxies...»

Alors le saint se mit à parler dans une langue que personne ne pouvait comprendre; puis il demanda finalement à l'ange de la mort de prendre son âme, afin qu'il puisse retrouver son Créateur et qu'il soit établi dans son pouvoir angélique. Il rendit l'âme, les yeux grands ouverts, chargés de lumière.»

Le discours de Dieu et les réponses des anges forgent un dialogue qui renforce et élève les cœurs des croyants. Dieu nous dit de nous réunir, de nous aimer, et de nous entraider, de nous pardonner, tout cela eu égard au fait qu'Il nous a créés et qu'Il nous aime. Le rassemblement le plus éminent demeure cependant celui où rien hormis Dieu n'est mentionné et où aucun rappel autre que Lui n'est réalisé. Et même dans ce cas, celui qui prend place près d'une telle assemblée sans forcément y participer, est assuré d'obtenir le pardon dans la divine présence de Dieu. Dieu nous mentionne dans une réunion exaltée et bien meilleure encore que la nôtre quand nous Le mentionnons.

Troisième Partie
L'AVENIR

Israfil, l'Archange de la Trompe Retentissante

La grande terreur ne les affligera pas, et les Anges les accueilleront: «voici le jour qui vous a été promis». (21:103)

Et le jour où le ciel sera fendu par les nuages et qu'on fera descendre des Anges. (25:25)

Qu'adviendra-t-il d'eux quand les Anges les achèveront, frappant leurs faces et leurs dos? (47:27)

Après avoir créé le Trône, Dieu créa la Trompe et la suspendit sur ce dernier. Puis Il dit: «Sois!» et l'ange Israfil fut. Il lui ordonna de prendre la Trompe, laquelle était constituée de perles d'une blancheur éclatante et transparente comme le verre. Il y fit des trous, leur nombre était basé sur celui de chacun des âmes des anges uniques, créés au sein de la création. Au milieu de la Trompe, apparaît une ouverture plus imposante que le ciel et la terre ensembles. Israfil est capable de boucher cette entrée, de haut en bas, en la recouvrant simplement de sa bouche. La longueur de cette Trompe est de soixante-dix mille années lumières, et son corps est divisé en sept segments.

Dieu dit à Israfil: «Je t'ordonne de souffler dans la Trompe au moment indiqué.» Israfil se tint debout, à la base du Trône et attendit le commandement Divin. Il est si près de Dieu, que seuls sept voiles de lumière le sépare de son Seigneur. L'une de ses ailes est dans l'Est, l'autre est dans l'Ouest, une autre embrasse les sept terres et la quatrième est sur sa tête, protégeant sa vision de la lumière de Dieu.

Un jour, le Prophète était assis en compagnie de Gabriel, quand le ciel s'ouvrit soudain. Gabriel s'humilia et sembla tomber à terre, en prosternement, un ange immense tout de blanc vêtu apparut alors devant le Prophète: «Ô Mouhammad! Dieu t'envoie Ses salutations et Il te donne le choix d'être un ange-prophète ou un serviteur-prophète.» Le Prophète répondit: «Le moment où je suis le plus heureux dans ma vie est lorsque mon Seigneur m'appelle: Ô Mon serviteur! – Ô serviteur de Dieu! Je choisis d'être un serviteur-prophète.» Alors Gabriel révéla:

Dieu choisit des messagers parmi les Anges et parmi les hommes. Dieu est Audient et Clairvoyant. (22:75)

Puis l'ange disparut. Le Prophète demanda à Gabriel : « Qui était donc cet ange?» Et Gabriel l'informa : « C'était Israfil. Depuis le jour où Dieu l'a créé, il n'a jamais relevé les yeux par crainte de son Seigneur. Entre lui et Dieu, il n'y a que sept voiles de lumière, et s'il en dépassait n'en serait-ce qu'un, il serait annihilé aussitôt. Les Tables Préservées sur lesquelles les destinées humaines sont inscrites, sont étendues devant lui. Chaque fois que Dieu permet l'existence d'une chose au ciel ou sur terre, cette Tablette est élevée et il entreprend sa lecture. Si une mission tombe dans la sphère de l'Ange de la Mort, Il lui ordonne de la réaliser. Si elle est dans ma sphère, Il m'ordonne de la faire, et Il fait de même lorsque cela concerne Michaël. Je ne pensais pas qu'Israfil serait descendu sur terre avant le jour du Jugement Dernier, et c'est pourquoi j'étais si effrayé!»

Au jour du Jugement Dernier, Dieu ordonnera à Israfil de souffler dans la Trompe. Au premier retentissement, toutes les mauvaises choses seront extirpées et emportées loin de la terre. Les méfaits, et tout ce qui y sera lié, disparaîtront. Les livres célestes brilleront dans chaque lieu. Les anges apparaîtront et dévoileront l'endroit dans lequel ils étaient maintenus dans leur état virginal. La mémoire des enseignements célestes reviendra de nouveau, intacte, dans l'esprit des gens. Le comportement bienséant englobant toutes les manières liées aux bonnes mœurs, à la dignité, l'honneur, la compassion et aux bienfaits sera apporté et répandu sur toute la terre : il deviendra la norme. Pour la première fois, les anges se sentiront libres de fouler la terre. Nul n'aura le pouvoir de causer du tort à autrui ou des dommages sur terre. La foi en Dieu et la connaissance des matières spirituelles feront les conversations quotidiennes de tous, jeunes et vieux, petits et grands. La lumière angélique atteindra une telle intensité, que la tristesse se changera en joie, le mal en bien, la pauvreté en richesse, la laideur en absolue beauté.

Au second retentissement de la Trompe, tous les êtres sur terre et dans les cieux entreront dans un état de perplexité et seront tout à coup effrayés. Ils tomberont face contre terre, et s'évanouiront. Ils croiront être à l'aube du jour du Jugement Dernier. Et cela est décrit dans le Coran :

Et on soufflera dans la Trompe, et voilà que ceux qui seront dans les cieux et ceux qui seront sur la terre seront foudroyés, sauf ceux que Dieu voudra [épargner]. Puis on y soufflera de nouveau, et les voilà debout à regarder. (39:68)

La résonnance de cette Trompe sera si terrible et prodigieuse à la fois, que tous les êtres perdront conscience. La terre se soulèvera et s'enroulera, les étoiles chuteront des cieux, la lumière disparaîtra, le soleil et la lune perdront leur éclat, et tout sera alors plongé dans une obscurité abyssale. Les montagnes bondiront, elles quitteront leur fixité et deviendront poussières s'élançant au-delà des terres, telles des nuages. L'eau des océans sera asséchée. Et, comme le vent emporte les débris au loin, la création sera de même balayée par ces ouragans cataclysmiques.

Les gens bons seront couverts d'apparats éclatants de lumière et de miséricorde que les anges apporteront par vagues. Les anges frapperont la totalité des actes infâmes et misérables, et ceux-ci disparaîtront comme on chasse la poussière des meubles d'un vaste palais. Ils souriront aux visages de ceux qui croient en eux et leur apporteront la lumière, comme les parents sourient à leurs enfants, pour les réconforter ce jour-là. Car, au jour du Jugement Dernier, il n'y a pas un seul être qui ne sera pas en quête de réconfort et de soutien.

Au troisième retentissement de la Trompe, Dieu ornera tous les êtres humains d'un vêtement : celui de la puissance angélique, et Il les enverra dans la multitude de Ses serviteurs. Là, ils peupleront cette lumière divine indescriptible qui leur offrira d'obtenir la vie éternelle du Paradis.

Les Anges de la Miséricorde et de la Colère Divine

Ceux qui ont fait du tort à eux-mêmes, les Anges enlèveront leurs âmes en disant : «Où en étiez-vous?» (À propos de votre religion) - «Nous étions impuissants sur terre», dirent-ils. Alors les Anges diront: «La terre de Dieu n'était-elle pas assez vaste pour vous permettre d'émigrer?» Voilà bien ceux dont le refuge est l'Enfer. Et quelle mauvaise destination! (4:97)

Si tu voyais, lorsque les Anges arrachaient les âmes aux mécréants! Ils les frappaient sur leurs visages et leurs derrières, (en disant): «Goûtez au châtiment du Feu.» (8:50)

Ceux qui ont le savoir diront: «L'ignominie et le malheur tombent aujourd'hui sur les mécréants». Ceux à qui les Anges ôtent la vie, alors qu'ils sont injustes envers eux-mêmes. (16:27-28)

Ceux dont les Anges reprennent l'âme - alors qu'ils sont bons - [les Anges leur] disent: «Paix sur vous! Entrez au Paradis, pour ce que vous faisiez». (16:32)

Ô vous qui avez cru! Préservez vos personnes et vos familles, d'un Feu dont le combustible sera les gens et les pierres, surveillé par des Anges rudes, durs, ne désobéissant jamais à Dieu en ce qu'Il leur commande, et faisant strictement ce qu'on leur ordonne. (16:32)

Nous n'avons assigné comme gardiens du Feu que des Anges. Cependant, Nous n'en avons fixé le nombre que pour éprouver les mécréants. (74:31)

Les anges de la miséricorde et de la colère divine interrogent tous deux le mourant sur la manière dont il a passé sa vie. Les gens répondent généralement: «Nous étions faibles et opprimés par des tyrans qui nous ont abusés. C'est pourquoi nous étions incapables d'honorer la vérité, bien que nous la sachions pertinemment.» Mais les anges leur diront alors :

«Pourquoi, dans ce cas, n'avez-vous pas émigré vers d'autres territoires où vous auriez été libérés de toute tyrannie? Notre arrêt est que vous serez plutôt appelés à répondre de vos actes.»

On peut retirer un autre sens de tout ceci. Les anges sont des messagers de Dieu, et Dieu est le créateur de l'amour et de la compassion. Dieu a créé ces anges à partir de la lumière de Son attribut: «*al-Rahman*», soit le Miséricordieux. Ils sont de couleur verte, celle de la nature, des arbres, des jardins; et la vision de ce qui est vert apporte la tranquillité et la paix dans les cœurs. Quand les anges questionnent les êtres humains, cela signifie simplement qu'ils cherchent des excuses pour les mettre hors de cause.

Un messager divin sait comment les choses s'inscrivent dans la réalité. Il est conscient que ces gens ont commis des péchés. Il sait aussi qu'une décision a d'ores et déjà été prise les concernant. D'abord, et nous devrions le savoir, il est superflu pour les anges de leur poser quelques questions que ce soit. L'interrogatoire ne vise qu'à permettre aux êtres humains de se faire pardonner puisqu'ils sont «*faibles et opprimés.*» Ainsi, les premiers termes de leur supplique «*faibles et opprimés*» (4:97) s'apparentent à la plaidoirie d'ouverture d'un avocat laquelle se termine par le pardon de Dieu.

En réalité, ces anges sont les avocats de la paix entre le serviteur et son Seigneur. Ils sont chargés de faire sortir de la bouche du serviteur, l'excuse que Dieu acceptera pour effacer ses péchés. C'est pourquoi Dieu statue dans les versets suivants:

A l'exception des impuissants: hommes, femmes et enfants, incapables de se débrouiller, et qui ne trouvent aucune voie : à ceux-là, il se peut que Dieu donne le pardon. Dieu est Clément et Pardonneur. (4:98-99)

LES ANGES RÉVÉLÉS

La sévérité des gardiens de l'enfer est proportionnelle à la distance séparant une âme de la vision Divine dans la vie future. Le grand saint Bayazid al-Bistami a dit: «Il y a des serviteurs qui, s'ils étaient voilés de la vue de Dieu au Paradis, supplieraient qu'on les en sorte à la manière dont les habitants du feu de l'Enfer implorent qu'on les en retire.» C'est parce qu'une fois que le cœur a été purifié, et l'âme humaine emportée dans le règne angélique, il ne peut connaître aucune satisfaction, en dehors de celle aimée des anges, et qui est la vision de Dieu. La vision de Dieu, à l'exclusion de toute autre chose dont le Paradis et l'Enfer, est le sens de l'adoration véritable, comme l'indique le verset suivant :

Je n'ai créé les jinn et les hommes que pour qu'ils M'adorent.
(51:56)

Concernant cette délicate thématique, le saint Nasir al-Din a dit:

Quand Dieu créa l'enfer, Il le créa
D'une tendresse et d'une miséricorde absolue.
Patiente, jusqu'à ce que la beauté du Miséricordieux, le
Compatissant, émane du pavillon de l'inaccessibilité
Et te dise sans langue, ni discours humain,
Quel mystère se trouve caché dans la parole:
«Un jour viendra où le cresson se mettra à croître
Du plus profond abîme de l'enfer!»

Gabriel, L'Archange Serviteur

Si vous vous repentez à Dieu c'est que vos cœurs ont fléchi. Mais si vous vous soutenez l'une l'autre contre le Prophète, alors ses alliés seront Dieu, Gabriel et les vertueux d'entre les croyants, et les Anges sont par surcroît [son] soutien. (66:4)

Quiconque est ennemi de Dieu, de Ses anges, de Ses messagers, de Gabriel et de Michaël... [Dieu sera son ennemi] car Dieu est l'ennemi des infidèles. (2:98)

Quand Dieu créa l'Archange Gabriel, Il le fit imposant et l'embellit d'une robe céleste d'un blanc pur, parsemée de rubis et de perles rouges. Il est d'une complexion aussi blanche que la neige, et possède mille six-cents ailes. La distance, toutes deux ailes, est de cinq-cents ans. Il possède un long cou, des pieds de diamants verts et rouges, et des jambes de couleur jaune. Il est recouvert par soixante-dix mille plumes de safran, de la tête aux pieds. Et, sur chaque plume, habitent une lune et de nombreuses étoiles. Entre ses deux yeux demeure un soleil. Dieu l'a créé cinq-cents ans après avoir créé Michaël. Chaque nuit il se baigne dans une rivière du Paradis. De chacune des soixante-dix mille gouttes qui tombent de lui, Dieu crée un ange qui circumambule autour de la maison de Dieu au Paradis, jusqu'au jour du Jugement Dernier.

Avant que le jour se lève, Gabriel s'immerge de nouveau dans l'une des rivières qui s'écoulent à droite du Trône. Il en sort et apparaît lumière sur lumière, magnificence sur magnificence, et majesté sur majesté. Il s'ébroue une fois hors de l'eau, et de chaque goutte s'échappant de ses plumes, Dieu crée soixante-dix mille anges qu'Il envoie sur terre, lesquels ne s'en retournent pas jusqu'au jour du Jugement Dernier. Ils ont pour mission de prendre soin des gens, de les protéger, de les soutenir, de les divertir, et leur apparaissent sous toutes les formes. Puis Gabriel se tient devant Dieu. Il est debout et ses jambes tremblent continuellement. De chaque frisson, Dieu créé cent mille anges qui ne parlent pas, si ce n'est par Sa permission. Et, qu'elle leur soit accordée, leurs seules paroles sont «*Nulle divinité si ce n'est Dieu.*» Ces anges demandent pardon pour tous ceux qui, parmi les habitants de la terre, portent en eux la croyance qu'il n'y a pas d'autre divinité que Dieu.

Dieu a inspiré Gabriel qu'il se tienne à la porte du service auguste, qu'il reconnaisse la noblesse de la Seigneurie, qu'il remette les champs de gratitude à Dieu et qu'il connaisse Son majestueux pouvoir: «Je t'ai accordé beaucoup», lui dit Dieu, «écoute alors ce qui t'est révélé. Tu es Mon messager à Mes prophètes, et tu es Mon étendard de guidance.»

Le nom de Gabriel en présence divine est «Serviteur de Dieu», (Abd Allah). Les anges le connaissent sous ce nom. Il est toujours aperçu portant un manteau vert, qui remplit tout l'espace séparant le ciel de la terre. Gabriel est apparu au Prophète Mouhammad tant de fois, sous tant de formes humaines différentes. Un jour, le Prophète Mouhammad demanda à voir Gabriel dans sa forme originelle. L'Archange l'invita à le rencontrer en un certain endroit, durant la nuit. Quand le Prophète se rendit au lieu de rendez-vous, il vit Gabriel dans le ciel, debout et les ailes déployées, au point que rien d'autre n'était visible. Ni ciel, ni horizon. Il s'étendait dans tout le firmament. Hamza, l'oncle du Prophète Mouhammad, avait requis auprès de lui de voir Gabriel sous sa forme naturelle, mais il lui répondit: «Tu ne peux pas.» Quand il insista, le Prophète lui dit de s'asseoir sur un banc, près de la Kaaba puis de lever les yeux au ciel. A peine avait-il élevé le regard, distinguant furtivement un pied fait d'émeraude verte, qu'il s'évanouit aussitôt. Et Gabriel disparut.

Gabriel est l'un des premiers, parmi les rapprochés de Dieu. Quand Dieu mentionne un serviteur qui chante et récite Ses louanges, Il dit à Gabriel: «Prie sur cet être, car il Me prie.» Et Gabriel, avec tous les habitants des cieux, récite les éloges de cette personne.

Dieu a chargé Gabriel de la responsabilité de combler les besoins de Ses serviteurs sur terre. Il lui dit : «Ô Gabriel ! Prends soin du cœur de Mon croyant. Fais disparaître du cœur de Mon serviteur croyant la suavité qu'il vit dans Mon amour. Et laisse-Moi donc voir combien de temps il supportera Ma séparation, et si son amour était si vrai!» Puis Il dit: «Ô Gabriel! Remets dans le cœur de Mon serviteur ce que tu as pris de lui, car il est véridique. Et Je lui donne davantage encore.»

Un jour, Gabriel se rendit auprès du Prophète Mouhammad, sanglotant. Quand le Prophète lui demanda pour quelle raison il pleurait, il lui répondit: «Et comment ne pourrais-je verser des larmes? Je jure par Dieu que depuis qu'Il a créé l'enfer, mes yeux n'ont jamais cessé de pleurer; j'ai peur de commettre quelque erreur et qu'Il m'y jette.»

Et il dit: «Dieu a dit à ce monde – Ô monde! Sois dur et pénible pour ceux qui M'aiment. Sois une prison pour eux, afin qu'ils aspirent ardemment à Me rencontrer et qu'ils aspirent au Paradis comme leur délivrance.»

Gabriel ne s'est jamais rendu auprès d'un prophète sauf accompagné de quatre anges. Il a dit: «Dieu a créé un royaume dans cet univers dont les habitants chevauchent les meilleurs chevaux de couleur pie. Chacun d'eux transportent une boîte renfermant un trésor céleste. La durée de vie de chacun de ces habitants, de même que celle des chevaux, est d'un millier d'années. On ne peut voir leur début ou leur fin.» Il lui fut demandé: «Qui sont-ils?» Et il répondit: «N'as-tu pas entendu Dieu dire: – Nul ne connaît Ses soldats si ce n'est Moi? Je les vois dans mon ascension et dans ma descente. J'ignore d'où ils viennent et où ils vont. Leur royaume consiste en soixante-dix planètes d'or, soixante-dix planètes de camphre et soixante-dix planètes d'ambre. Derrière ces planètes, il en existe soixante-dix mille autres. Sur chaque planète, il existe un nombre infini d'anges qui ne savent rien d'Adam et de sa descendance. Ils sont préservés pour accomplir un service divin complètement distinct des autres. Ils n'ont jamais vu une créature qui avait désobéi à Dieu. Ils attendent l'ordre Divin concernant le trésor qu'ils ont entre leurs mains, et ils ne le prennent pas pour eux-mêmes.»

Et, lorsque toute l'humanité aura presque disparue de la surface de la terre, Dieu demandera à l'ange de la mort de prendre l'âme de tous les êtres encore présents, et Il lui demandera: «Qui reste-t-il?»

L'ange de la mort répondra: «Ô Mon Seigneur exalté! Il ne reste plus que Michaël, Gabriel et moi-même.»
Dieu lui dira: «Prends l'âme de Michaël.» Puis Il lui demandera: «Qui reste-t-il?»
L'ange de la mort dira: «Ô mon Seigneur, il n'y a plus que Gabriel et moi-même.»
Puis Dieu dira: «Meurs, Ô ange de la mort.» Puis Dieu se tournera vers Gabriel et dira: «Qui reste-t-il, Ô Gabriel?»
Gabriel répondra: «Seule Ta Face demeure, Ô mon Seigneur et Gabriel, qui est mort et réduit à néant.» Dieu lui dira alors: «Tu dois mourir.» Et dans l'instant, Gabriel tombera en prosternation, agitera ses ailes, et mourra.

A cet instant, Dieu dit: «J'ai créé la création, et Je suis Celui qui la ramène.» Gabriel sera le deuxième ange à être ressuscité, après Israfil qui soufflera dans la Trompe de Résurrection. Il aura en charge les balances des actions de chaque être humain au jour du Jugement Dernier.

Les Anges et l'Energie Matérielle

Pourquoi ne nous es-tu pas venu avec les Anges, si tu es du nombre des véridiques?» Nous ne faisons descendre les Anges qu'avec la vérité; et alors, il ne leur sera pas accordé de répit [à ces impies]. (15:7-8)(Nous ne croirons pas en toi, jusqu'à ce que) tu fasses tomber sur nous, comme tu le prétends, le ciel en morceaux; ou que tu fasses venir Dieu et les Anges en face de nous. (17:92)Et ceux qui n'espèrent pas Nous rencontrer disent: «Si seulement on avait fait descendre sur nous des Anges ou si nous pouvions voir notre Seigneur!» En effet, ils se sont enflés d'orgueil en eux-mêmes, et ont dépassé les limites de l'arrogance. Le jour où ils verront les Anges, ce ne sera pas une bonne nouvelle, ce jour-là, pour les injustes, ils (les Anges) diront: «Barrage totalement défendu!» (25:21-22)

Les non-croyants refusent de croire en Dieu, Ses anges, et Ses révélations. Ils ne croient qu'en la matérialité des choses. Pour eux, croire en ce que l'on voit et la dimension matérielle est plus pratique. Ces esprits pratiques sont aveugles à la réalité pour laquelle Dieu a pourvu les enfants, prophètes, saints et croyants d'une capacité de vision. Pour ces derniers, il leur est donné le pouvoir de sentir et de voir les êtres angéliques qui vivent parmi nous, et de visualiser ces réalités spirituelles. Quand nous voyons ces choses avec l'œil de la foi, nous devenons comme des receveurs qui appréhendent très clairement les images envoyées par ces émissaires spirituels. Nous les observons comme de véritables apparences dans notre vie quotidienne, non erronées.

L'énergie est une forme de pouvoir angélique. Les êtres humains ont reçu la permission de l'utiliser. Et, puisque nous pouvons développer des outils pour profiter de ces énergies de manière très poussée, nous pouvons alors également atteindre des capacités de plus en plus visibles dans le monde matériel. La même énergie dont on se sert pour allumer une lumière, permet aussi de transmettre le son dans le haut-parleur, de voir des images à la télévision, de conduire une voiture, d'envoyer un satellite dans l'espace, de nous garder au chaud pendant l'hiver et de nous donner de la fraîcheur en été. Seuls les outils changent. De la même façon, l'énergie angélique change d'une personne à l'autre, mais la source est identique. Quand les êtres humains s'élèvent vers des états supérieurs de pureté, ils peuvent utiliser cette énergie pour être plus puissants et sont alors perçus par les autres comme des serviteurs de Dieu, et ils deviennent eux-mêmes des messagers du pouvoir angélique.

Les anges et leurs pouvoirs ne sont pas envoyés sur terre pour satisfaire la curiosité ou les caprices des mécréants. Ils sont envoyés pour apporter l'inspiration aux serviteurs de Dieu, pour exécuter Ses décrets, pour aider les gens dans leur vie de tous les jours, et résoudre leurs problèmes. Ils élèvent et protègent les enfants afin d'amener tous les humains au niveau le plus haut qu'ils puissent atteindre dans la présence divine. Les anges et leurs pouvoirs angéliques n'apportent pas leur soutien aux tyrans et autres oppresseurs qui dominent le monde. Ils recherchent plutôt des gens au cœur pur et doux, afin de les guider et de les instruire sur la manière dont ils peuvent préserver leur monde, le maintenir ordonné et à l'abri des pollutions matérielles et spirituelles. Ils déconnectent leurs énergies de tous ceux qui tentent de nuire à la nature, aux êtres humains, ou qui les exploitent à des fins égoïstes.

La source angélique de toute puissance demeure dans trois-cent soixante piliers. Chaque pilier contient l'univers visible tout entier. La distance entre chaque pilier est de cinq cent-mille années chez Dieu.

Un jour (chez Dieu) équivaut à mille ans de votre calcul. (32:5)

Dieu a créé, pour ce pouvoir angélique, un million six-cent mille têtes, chacune dotée d'un million six-cent mille visages. Chaque visage est plus grand que cet univers un million six-cent mille fois, et chacune d'elles possède un million six-cent mille bouches. Chaque bouche contient un million six-cent mille langues, et chaque langue loue Dieu dans un million six-cent mille langues différentes. Pour chaque glorification, Dieu crée un million six-cent mille anges. Tous ces anges diront au jour du Jugement Dernier: «Ô Dieu! Accorde la rétribution de nos louanges à Tes serviteurs croyants parmi les Hommes.»

L'Archange 'Azra'il et les autres Anges de la Mort

Si tu voyais les injustes lorsqu'ils seront dans les affres de la mort, et que les Anges leur tendront les mains (disant): «Laissez sortir vos âmes. (6:93)
Dis: «L'Ange de la mort qui est chargé de vous, vous fera mourir. Ensuite, vous serez ramenés vers Votre Seigneur». (32:11)

Dans ces versets, l'Ange de la Mort et ses assistants sont envoyés pour prendre l'âme de ceux qui sont destinés à mourir. Qui est l'Ange de la Mort? Quand Dieu créa Adam, il envoya sur terre l'un des Anges du Trône ramener de l'argile, afin de façonner Adam. Quand l'ange arriva sur terre, celle-ci lui dit: «Je t'en conjure, par Celui Qui t'a envoyé, n'enlève de moi qui amènera un jour le châtiment sur quelqu'un.» Quand l'ange repartit les mains vides, Dieu lui demanda pour quelle raison il n'avait pas rapporté d'argile. L'ange dit: «La terre m'a supplié, par Ta grandeur, de ne rien extraire d'elle.» Puis Dieu envoya un autre ange, et la même chose arriva, puis un autre, jusqu'à ce que Dieu ait décidé d'envoyer Azrail, l'Ange de la Mort. La terre s'adressa à lui, comme elle l'avait fait avec les autres, mais Azrail lui dit: «L'obédience à Dieu est meilleure que l'obédience envers toi, et ce même si tu m'implorais pour Sa grandeur.» Et Azrail prit de l'argile à l'Est et à l'Ouest de la terre, au nord et au sud, et le rapporta auprès de Dieu. Dieu versa de l'eau du paradis dans l'argile ainsi récolté, qui devint immédiatement si délicat. Et de cette texture, Il créa Adam.

Les Questions du Prophète Abraham à Azrail

Le Prophète Abraham demanda un jour à Azrail qui a deux yeux sur sa tête à l'avant, et deux yeux à l'arrière: «Ô Ange de la Mort ! Que fais-tu si un homme meurt à l'est et un autre à l'ouest, si une terre est frappée par la peste, ou si deux armées s'opposent sur un champ de bataille?» L'ange répondit: «Ô Messager de Dieu! Les noms de ces personnes sont inscrits sur *Lawh al-Mahfouz*, soit «des Tables Préservées», où toutes les destinées humaines ont été gravées. Je les observe continuellement. Elles m'informent du terme de vie de chaque être vivant sur terre, qu'il s'agisse d'un humain ou d'un animal. Il existe également un arbre appelé l'Arbre de Vie, et il est près de moi. Il est recouvert d'une myriade de feuilles minuscules, plus petites que celles de l'olivier et bien plus nombreuses. Chaque fois qu'une personne naît sur terre, l'arbre fait pousser une feuille, et sur celle-ci est marqué son nom. C'est grâce à cet arbre que je sais qui vient de naître et qui est sur le point de mourir. Juste avant qu'une personne ne décède, sa feuille se flétrit et commence à s'assécher, puis elle tombe de l'arbre sur la tablette. Le nom est effacé des Tables Préservées. Cet évènement se passe quarante jours avant la mort physique de cette personne. Nous sommes informés quarante jours à l'avance de sa mort imminente. L'être peut très bien n'en rien savoir et continuer à vivre sa vie sur terre, plein d'espoirs et de projets. Cependant, nous qui sommes dans les cieux, nous savons ce qu'il en est car nous possédons l'information qui le concerne. C'est pourquoi Dieu a dit:

Et il y a dans le ciel votre subsistance et ce qui vous a été promis.
(51:22)

Et cela inclut la durée de vie. Quand nous voyons dans les cieux cette feuille se faner et mourir, nous la mélangeons à la provision de celui auquel elle est liée, et dès le quarantième jour

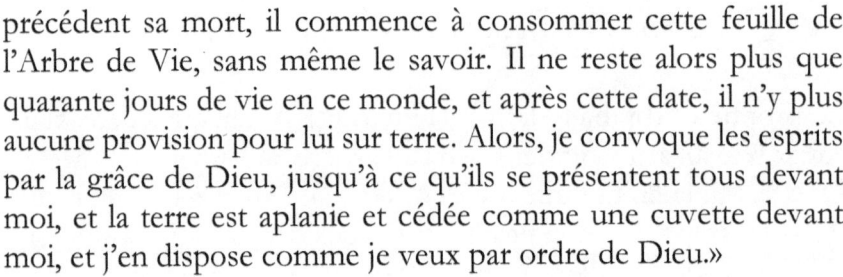

précédent sa mort, il commence à consommer cette feuille de l'Arbre de Vie, sans même le savoir. Il ne reste alors plus que quarante jours de vie en ce monde, et après cette date, il n'y plus aucune provision pour lui sur terre. Alors, je convoque les esprits par la grâce de Dieu, jusqu'à ce qu'ils se présentent tous devant moi, et la terre est aplanie et cédée comme une cuvette devant moi, et j'en dispose comme je veux par ordre de Dieu.»

Deux Morts

Un certain roi se rendit un jour dans une de ses provinces. Il se mit en route pour son voyage, habillé de magnifiques atours, bouffi d'orgueil. Un homme à l'allure misérable, se tenant de l'autre côté du chemin, s'approcha puis le salua; mais le roi refusa de répondre. L'homme attrapa alors les brides du cheval royal, et aucun des soldats de Sa Majesté ne pouvaient l'en empêcher. Le roi cria: «Lâche la bride!» Mais l'homme répondit: «D'abord, écoute ma requête.» Le roi dit alors: «Lâche la bride, et ensuite je promets de t'écouter.» Et l'homme rétorqua: «Non, tu dois l'entendre d'abord!» et il tira plus fort encore sur les rênes. Le roi céda en disant: «Quelle est cette requête?» Et l'homme lui dit: «Laisse-moi te le souffler à l'oreille, car c'est un secret.» Le roi se pencha vers lui et l'homme lui murmura: «Je suis l'Ange de la Mort.» Le visage du souverain devint soudain blême et il se mit à bégayer: «Laisse-moi rentrer chez moi, faire mes adieux aux miens et régler mes affaires.» Mais Azrail lui répondit: «Par Celui Qui m'a envoyé, tu ne reverras plus jamais ni ta famille ni tes richesses en ce monde!» Il prit son âme sur-le-champ, et le roi tomba de son cheval, raide comme un piquet.

L'Ange de la Mort continua son chemin et vit bientôt un croyant qui marchait, seul, le long de la route. L'ange le salua, et il lui rendit son salut. L'ange dit alors: «J'ai un message pour toi.»

– «Oui mon frère, qu'est-ce donc?» – «Je suis l'Ange de la Mort.» Le visage du croyant s'illumina d'un généreux sourire : «Sois le bienvenu ! Bienvenue! Je prends Dieu à témoin, je n'ai jamais été aussi impatient que de faire ta rencontre.» – «Ô mon frère! Peut-être as-tu une affaire que tu souhaites régler avant, alors vas-y, car il n'y a pas d'urgence.» – «Je prends Dieu à témoin qu'il n'y a rien de plus cher à mon cœur que de rencontrer mon Seigneur.» L'ange lui dit alors: «Choisis la manière dont tu souhaites me voir prendre ton âme, car il m'a été ordonné de te le demander.» Le croyant répondit: «Laisse-moi alors prier deux cycles de prières, et prends mon âme quand je suis agenouillé en prosternation.»

Azrail Prends la Vie d'un Ascète

Un jour, le maître des ascètes, Ibrahim ibn Adham, se trouvait au bord de la mer, un jour d'hiver neigeux. De lourds et sombres nuages encombraient le ciel, et il frémissait de froid. Il fit ses prières sur une planche de bois, et s'assit pour méditer toute la nuit. Tôt le matin, il prit une douche puis se fit un fragile abri avec le bois pour se protéger du mauvais temps. Il quitta son état de méditation et remercia Dieu pour la vie qu'Il lui avait donné. A cet instant, Dieu dit à l'Ange de la Mort: «L'ardent amour que Mon serviteur Ibrahim ressent pour Moi lui est devenu impossible à supporter, descends donc et prends son âme, et invite-le au Paradis.» L'Ange de la Mort pensa qu'Ibrahim ibn Adham serait comme les autres, qu'il refuserait d'offrir son âme et lui résisterait. Il s'envoila, pour ne pas être reconnu, sous sept voiles et lui apparut sous les traits d'un vieil homme. Il lui dit: «Ô mon frère! Voudrais-tu partager ton abri avec moi?» Ibrahim répondit: «Nous n'avons pas besoin de le partager, je te le donne car je m'attendais à te voir depuis la nuit dernière, pour que tu m'emmènes auprès de mon Seigneur.» L'Ange de la Mort était très surpris, il lui demanda: «Comment m'as-tu reconnu malgré les voiles que je porte?» Ibrahim dit: «Quand Dieu t'a ordonné de prendre mon âme, j'étais présent avec toi. Emmène-moi et abandonne-moi dans la présence de mon Bienaimé.»

La Mort d'un des Sujets du Roi Salomon

Un jour, l'Ange de la Mort alors en présence du Roi Salomon, remarqua un de ses sujets. Il lui jeta un regard noir, puis il s'en alla. L'homme demanda à Salomon: «Qui était-ce?» Il lui dit: «C'était l'Ange de la Mort.» Et l'homme répondit: «Je l'ai vu me regarder comme s'il désirait mon âme!» Salomon lui dit: «Que voudrais-tu que je fasse pour toi?» Il dit: «J'aimerai que tu ordonnes aux vents de me transporter jusqu'en Inde, ainsi je serai sauf!» Salomon convoqua l'ange des vents qui lui apparut, doté de ses six-cent soixante ailes. Il portait tous les vents à l'intérieur de ses ailes. Il plaça l'homme dans l'une d'elles et l'emmena en Inde. L'Ange de la Mort se rendit de nouveau auprès de Salomon, qui lui dit: «Je t'ai vu regarder un de mes gens.» «Oui.» répondit l'ange, «J'étais surpris de le voir à tes côtés, car j'avais reçu l'ordre de prendre son âme dans une contrée d'Inde!»

Dede Korkut

Dede Korkut était le plus brave guerrier de son temps. Ses exploits étaient si exceptionnels, qu'il se considérait invincible sur toutes les terres qu'il avait foulées. Il participait à des joutes, défiant tous les jeunes hommes, et plus globalement, toute la création. Dieu entendit ses paroles et réprouva un tel orgueil. Il envoya donc l'Ange de la Mort prendre son âme. Azrail lui apparut pendant qu'il festoyait dans son palais. Il se posta devant lui sans mot dire. Dede Korkut lui dit: «Je ne t'ai pas vu entrer; qui es-tu?» L'ange répliqua: «Je ne suis pas de ceux qui demandent la permission à tes semblables. Et je suis venu t'enseigner une leçon.» Le jeune homme se leva sur-le-champ et ordonna que l'étranger soit attrapé, mais ce dernier se changea en oiseau et s'envola par la cheminée.

Dede Korkut donna l'ordre d'atteler son cheval, et tout le monde se mit à la poursuite de l'étrange volatile. Et bientôt, le voilà perdu au milieu de la forêt, voyant l'ange apparaître à nouveau devant lui. «Je t'ai eu!» s'exclama Dede Korkut. «Non.» dit l'ange, «C'est moi qui t'ai eu.» et il le fit descendre de sa monture, l'allongea par terre et, debout sur sa poitrine, l'immobilisa. Dede Korkut se mit à pleurer et lui dit: «Je me sens si impuissant, et c'est quelque chose que je n'ai jamais ressenti. Qu'as-tu donc fait de moi?» Azrail répondit: «Je suis l'Ange de la Mort, alors prépare-toi à quitter cette vie.» Il lui dit: «Je t'en supplie, donne-moi quelque temps et je te prie de me pardonner l'offense de ma vantardise.» Azrail répliqua: «Ne t'excuse pas auprès de moi, et ne me supplies pas! Je suis une créature, comme toi. Et je ne suis que les ordres du Tout-Puissant.» Dede Korkut dit: «Dans ce cas arrête de me faire perdre mon temps, hors de ma vue!» Et il se mit à prier Dieu: «Pardonne mon arrogance, Ô mon Dieu! Et donne-moi une autre chance, puisque je te demande de m'excuser pour T'avoir offensé. Tu es Tout-Puissant sur toute Ta création.»

Dieu aima les paroles de Dede et il inspira Azrail afin qu'il lui donne Sa réponse. L'ange dit: «Dieu a décidé de te laisser vivre à la condition que tu trouves quelqu'un qui acceptera de mourir à ta place.» Dede Korkut pensa: «Je vais demander à mon père, il est vieux. Il ne me refusera rien.» Il se rendit auprès de lui et raconta son histoire, mais son père lui répondit: «Ô mon fils! J'ai trimé toute ma vie afin de savourer mes vieux jours. Je suis désolé, mais je ne suis pas prêt à mourir à ta place!» Dede Korkut se dit en lui-même: «Ma mère ne peut assurément me le refuser.» Il alla la visiter, mais elle lui dit: «Ô mon fils! Je t'ai donné ma vie à bien des reprises! Quand je t'ai porté, élevé, et pris soin de toi. Désormais, le restant de ma vie, je souhaite le passer aux côtés de ton père, et l'accompagner dans la vieillesse.»

Le jeune homme était découragé. Il rentra chez lui, résigné à mourir. Quand sa jeune femme vit son désespoir, elle lui demanda qu'elle en était la raison et il lui raconta: «Ô mon épouse bien-aimée! L'Ange de la Mort est sur le point de prendre ma vie, sauf si je trouve quelqu'un qui accepterait de mourir à ma place, et mes propres père et mère refusent… Qui puis-je trouver pour les remplacer?» Sa femme lui dit: «Ô mon bien-aimé! Pourquoi ne me le demandes-tu pas? Je serai heureuse de t'offrir ce que ni ton père ni ta mère ne peuvent te donner. Prends ma vie, la tienne en sera épargnée.» Quand Dede Korkut, le Fier Guerrier entendit ces mots, son cœur s'ébranla et il fondit en larmes. Il se tourna vers Dieu et dit: «Ô mon Seigneur! Pardonne-moi, prends ma vie et épargne celle de mon épouse, car elle est bien plus brave, et a bien plus de valeur, que moi.» Dieu était là encore satisfait de ces paroles, et il décida de les épargner tous deux. Il envoya plutôt Azrail prendre la vie de ses parents, qui avaient été bénis et favorisés par une longue et heureuse existence.

Dieu écrivit dans les paumes de l'Ange de la Mort, en lettres de lumière: «Au Nom de Dieu, le Tout-Miséricordieux, le Très-Généreux.» Il ordonna à l'ange de montrer ces lettres de lumière à l'âme d'un gnostique, chaque fois qu'il prendrait leur âme; ces lettres attirent l'âme du gnostique hors de son corps, comme une matière irrésistiblement attirée par un aimant, ou comme la lumière retournant à sa source.

Le Trépas du Roi David

Le Prophète raconta que David n'a jamais accepté que quiconque pénètre sa demeure, et il en verrouillait systématiquement les portes chaque fois qu'il sortait. Un jour, il dû sortir pour une affaire, et quand il rentra chez lui, il vit un homme dans sa maison, debout, qui semblait l'attendre. David était surprit de le voir et lui demanda ce qu'il faisait là. L'homme répondit: «Je suis celui qui n'a nul besoin de permission pour entrer, qui ne craint pas les rois, et contre lequel nul ne peut résister.» David dit: «Tu es donc l'Ange de la Mort, alors bienvenue à toi avec tout mon amour, car il me tardait de vivre ce moment où je serai réuni avec mon Bien-aimé.» Et l'Ange de la Mort prit l'âme de David.

Les Anges de la Tombe

Et si Nous faisions descendre les Anges vers eux, [comme ils l'avaient proposé] si les morts leur parlaient, et si Nous rassemblions toute chose devant eux, ils ne croiraient que si Dieu veut. Mais la plupart d'entre eux ignorent. (6:111)

Dans ce verset, Dieu nous montre que les démons et les incroyants n'accepteront jamais la foi en Dieu et en Ses anges, et ce même s'Il leur envoyait toutes sortes de signes. Dieu a créé deux anges qui visitent chaque être dans la tombe, qu'il soit croyant ou non. L'un est appelé Mounkar et l'autre Nakir. Ils apparaissent dans une lumière bleue, leurs yeux d'or et leurs pupilles en diamant lancent des éclairs. Leur voix gronde comme le tonnerre, leurs dents sont des émeraudes et leur parfum est celui de la rose. Ils ont de fins et longs cheveux. Ils apportent avec eux toutes sortes de trésors célestes d'une main, et de l'autre tous types de châtiments. Si la personne morte était un croyant, les anges étendent sa tombe jusqu'à la rendre soixante-dix fois plus large, ils l'illuminent d'un parfait éclat, et en font une terre du Paradis en la remplissant d'innombrables délices jusqu'au jour du Jugement Dernier. S'il s'agit d'un non croyant, ils resserrent sa tombe jusqu'à la rendre si petite qu'il en ressent la pression jusque dans ses os, et il est abandonné ainsi jusqu'au jour du Jugement Dernier.

Il nous parvenu, par le biais d'Ali ibn Abi Talib, que quand Oumar ibn al-Khattab mourut et qu'il fut enterré, les deux anges de la mort Mounkar et Nakir lui apparurent, apportant avec eux de magnifiques atours et des lumières célestes dont ils comptaient le combler. Ils lui demandèrent: «Qui est ton Seigneur?» Il leur répliqua: «Pourquoi me posez-vous une pareille question? Ignorez-vous qui donc est mon Seigneur et le vôtre?» Ils répondirent: «Nous devons te le demander. Et tu dois nous répondre.» Umar dit alors: «Je ne peux pas élever ma voix trop fort. Approchez je vous prie, que je puisse vous répondre.» Quand Mounkar et Nakir furent près de lui, Oumar mit un coup dans l'œil de l'un, et jeta un coup de pied sur l'autre tout en criant: «Comment osez-vous me demander qui est mon Seigneur? Croyez-vous que j'ai oublié qui est mon Dieu, alors que je viens à peine d'entrer dans ma tombe et qu'il y a un instant à peine, je Le priais… alors même que vous avez parcouru une distance si énorme? Retournez d'où vous venez, et posez-vous d'abord la question!»

Quand le vénérable saint Abou Yazid mourut, les gens de la cité l'enterrèrent. Certains le virent en rêve qui disait: «Les deux anges sont venus m'interroger. Quand ils me demandèrent Qui était mon Seigneur, je leur ai répondu – *Tarihoun bayna yadayh*, soit: Je gis, impuissamment étendu devant Lui! Pourquoi me posez-vous cette question? Demandez-Lui plutôt si je suis son Serviteur, et s'Il vous répond – Oui –, alors je devrai être honoré et élevé aux plus hautes stations du Paradis.

Les deux anges me dirent alors: – Que ce discours est étrange. Il fait réfléchir. Qu'est-ce que cela veut dire? – Et je leur répondis: – Ne vous inquiétez-pas du sens de mes paroles. J'ai de quoi vous faire méditer davantage! Quand Dieu Tout-Puissant me tira des lombes d'Adam et lui demanda, ainsi qu'à toute sa descendance: – Ne suis-Je pas votre Seigneur? – J'étais de ceux qui répondirent: – Oui! Tu es notre Seigneur. – Etiez-vous alors présent à cet instant? – Et les anges, interloqués, dirent: «Non.» Alors je continuai: - Vous n'étiez nullement présents! Et quant à moi, je me rappelle ce jour comme si c'était hier. Alors, laissez-moi seul et n'interférez pas entre Lui et moi!

L'un des anges dit à l'autre: «C'est Abou Yazid. Il a vécu ivre de l'amour de Dieu, et il est mort dans le même état d'ivresse, et il a été mis en bière empli de l'amour de Dieu. Quand il sera appelé au jour du Jugement Dernier, il sera ivre de l'amour de Dieu. – Puis ils s'en allèrent.»

Le Prophète Mouhammad, que la paix soit sur lui, assistait un jour aux funérailles d'un de ses Compagnons. Alors qu'ils étaient en chemin vers le cimetière, le Prophète marchait sur la pointe des pieds, comme sur des œufs. Après l'enterrement, ils rentrèrent chez eux. Les Compagnons dirent au Prophète: «Nous avons vu une chose étrange aujourd'hui.» Le Messager leur répondit: «J'étais stupéfait de voir tellement d'anges ce matin, il n'y avait pas le moindre espace où poser mes pieds! Les anges de Dieu remplissaient chaque parcelle de terre, et ils accompagnaient cet être jusqu'à sa dernière demeure.»

Bien des gens peuvent voir et entendre les anges de la mort, comme le montre l'histoire suivante. Une fois, un jeune homme, fils d'un homme riche qui venait de mourir, voulut lui rendre un hommage particulier. Il fit publier la requête suivante au sein de la cité: «J'offrirai un sac rempli de pièces d'or à celui qui restera, toute la nuit durant, en compagnie de mon père dans la tombe.» Un vieil homme très pauvre, bûcheron de son état, qui avait une grande famille à nourrir, lui dit: «J'accepte ton offre, je pourrai ainsi soutenir mes enfants.» Il suivit le cortège funéraire jusqu'à ce que le mort fut placé dans la tombe. Il y entra à son tour, alors qu'ils se retiraient. La tombe ressemblait à une simple pièce où gisait un cercueil. Le bûcheron se prépara à méditer toute la nuit.

A la tombée de la nuit, il s'assit en silence et commença progressivement à entendre des voix qui parlaient dans différentes langues, dont certaines lui semblaient familières, mais d'autres vraiment étranges. Il était terrorisé, mais malgré tout ne pouvait s'en aller puisque la porte avait été verrouillée : il devait attendre qu'on vienne l'ouvrir de bon matin. Il prit la corde avec laquelle il avait l'habitude de sangler le bois, en coupa un morceau qu'il plaça dans ses oreilles, afin de ne plus entendre ces voix. Mais plus il essayait de se boucher les oreilles, plus il les entendait, et elles se faisaient de plus en plus fortes. Son cœur s'embourbait d'effroi, tout son corps tremblait, des pieds à la tête. Il entendit alors tout à coup des bruits de pas venant de derrière lui.

Alors que ces derniers s'approchaient de plus en plus, il se rendit compte que ce n'était pas quelques pas qu'il entendait, mais des milliers! De terreur, il ferma les yeux pour ne pas voir ce qui s'annonçait. Il sentit qu'on touchait son épaule, et entendit son nom. Il s'immobilisa sur place, se demandant qui l'appelait ainsi après avoir pénétré une tombe scellée! Il essaya d'ouvrir les yeux, mais la peur l'en empêchait. Puis, il sentit qu'on le secouait, et tout à coup, son regard s'ouvrit malgré lui, et il regarda en arrière. Là, il vit une lumière intense et immense emplir tout l'espace de la tombe. Une lumière aussi éclatante que celle du soleil. Alors il aperçut deux anges, assis sur un trône, entourés à leur tour de centaines d'autres anges qui les transportaient en direction du mort, afin de le questionner. A cet instant, il se remémora chaque faute commise, chaque instant de sa vie. Toutefois, il se sentait soulagé car les anges n'étaient pas là pour lui, mais c'est bien le mort qu'ils allaient interroger.

En attendant que se termine cet inconfortable moment, il entendit les échanges entre les deux anges. L'un disait à l'autre: «Voici le mort, et là, il y en un qui est vivant. Nous avons le temps de questionner le premier, mais pour l'autre? Il pourrait s'en aller, nous devrions peut-être commencer par lui, ce serait mieux. Puis nous interrogerons le mort plus tard.» Le vieil homme sut dès lors qu'il n'avait aucune chance d'échapper aux anges, et il se rendit à la volonté Divine. Ils lui dirent: «Toi! Untel (l'appelant par son nom), approche donc!» Il n'était pas si disposé à leur obéir, mais il n'avait pas le choix. Ils dirent: «Nous ne t'interrogerons pas sur ton passé, mais sur tes actes du présent. Qu'as-tu donc pris avec toi des faveurs de ce monde?» Ils scrutèrent ce qu'il avait avec lui, et ne virent rien d'autre qu'une hache avec une corde, et des outils de bûcheron. Ils ajoutèrent: «Dis-nous comment tu as obtenu ces matériaux. Et comment as-tu gagné l'argent qui t'a permis de les acheter. Par la sueur de ton front, par des moyens légaux, ou bien par d'autres manières?»

Il fallut à l'homme toute la soirée, jusqu'au matin, pour satisfaire aux deux petites questions des anges sur la manière dont il avait acquis la hache, et la corde. Au petit matin, l'homme entendit à nouveau des pas, et réalisa que le fils du mort venait le chercher. Le bûcheron, soulagé qu'on vienne le délivrer, se mit à pleurer. Quitter ce lieu était pour lui plus précieux et plus cher à son cœur, que n'aurait pu l'être n'importe quel plaisir de la vie. Il fuit promptement alors que le fils du mort lui disait: «Voici ton argent! Prends-le!», ce à quoi le bûcheron répliqua alors qu'il courrait: «Pour une hache et une corde, ils m'ont questionné jusqu'au matin! Si je prends ce sac d'or, ils pourraient m'interroger pour toujours! Garde l'or pour toi et tes riches semblables. Je préfère quant à moi passer le reste de mon existence dans l'amour de Dieu!»

Les Anges Qui Apporteront la Paix aux Jours Derniers

Qu'attendent-ils sinon que Dieu leur vienne à l'ombre des nuées de même que les Anges et que leur sort soit réglé? (2:210)

Aux jours derniers, le mal sera éradiqué de la surface de la terre. La paix brillera de mille feux en chaque endroit. Il est rapporté qu'à la fin des temps, Jésus réapparaîtra et descendra sur le Minaret Blanc de Damas, chacune de ses mains posées sur l'épaule d'un ange. Il portera deux habits de lumière, teints de safran. Il sera accueilli par un descendant du Prophète Mouhammad qui l'attendra en compagnie de quarante mille anges, ainsi qu'avec les croyants qui auront attendu le céleste secours divin. Ils prieront ensembles et demanderont à Dieu de leur envoyer assistance, afin qu'ils puissent détruire la tyrannie et l'oppression, et répandre la paix, l'amour et la joie dans le cœur des êtres. Dieu a envoyé l'ange Gabriel pour apporter le message à Jésus, fils de Marie, et au Mahdi, le petit-fils du Prophète. Et ce message sera donné ainsi: «Dieu vous a donné permission de faire usage de la lumière divine pour inspirer toute l'humanité vers les cieux, et pour vaincre le mal sous toutes ses formes.» Ils confronteront ensuite l'Antéchrist et toutes ses légions, au niveau du portail Lat, près de Jérusalem. S'ensuivra une série de grands combats qui se termineront par la mort de l'Antéchrist: l'ennemi de Dieu sera tué par Jésus. Dieu fera ensuite de Jésus, fils de Marie et de Mahdi, le descendant du Prophète, les régents de ce monde qui vivra dans la paix, après qu'aura eu lieu la Grande Guerre, à la fin des temps. A cette période, Jésus se mariera, il aura des enfants qu'il élèvera, puis il mourra et sera enterré à Médine, près du Prophète Mouhammad, dans l'espace qui lui est dédié et laissé vacant pour lui. Que la paix soit sur eux, et sur les anges!

LES ANGES QUI APPORTERONT LA PAIX AUX JOURS DERNIERS

Ne crois pas que je vous ai oubliés, Ô anges!
En vérité, même si le golfe entre nous est immense,
Je vous aime toujours, et mes lettres pour vous jamais ne s'arrêteront.
Mon amour pour vous ne changera jamais.
Mes émotions sont comme des sources se jetant dans vos océans.
J'ai délaissé les distractions de mon soi et me suis tourné vers vous.
Votre monde a pris le dessus sur le miens, et il l'illumine.
Je louerai notre Seigneur avec vos propres mots, non avec les miens.
Avec votre sincérité, non avec la mienne.
Avec votre arôme et votre lumière. Non avec les miens.
Ô Dieu, fais que le rayonnement de Tes anges,
Brille éternellement sur moi!

Conclusion

Seigneur des cieux et de la terre et de ce qui existe entre eux, le Tout Miséricordieux; ils n'osent nullement Lui adresser la parole. Le jour où l'Esprit et les Anges se dresseront en rangs, nul ne saura parler, sauf celui à qui le Tout Miséricordieux aura accordé la permission, et qui dira la vérité. (78:37-38)

Dieu nous montre, à travers ce récit, que les anges font partie de Ses plus grandes et plus belles créations. Ils se tiennent juste après Lui, et sont Ses messagers envoyés à Ses prophètes pour leur transmettre la révélation. Il les a honorés en leur accordant de remettre l'inexprimable connaissance d'une manière phénoménale et spirituelle. Spirituellement, car Il a permis que les prophètes apportent cette connaissance sur terre grâce aux livres célestes, et guident ainsi leurs semblables à la foi et dans le respect des agissements honorables caractéristiques des serviteurs de Dieu. Et de manière phénoménale, car Il a inspiré les cœurs des êtres humains à la recherche et à la découverte du monde visible, afin qu'ils capitalisent des données empiriques. De fait, ils ont achevé la plus haute et sophistiquée des technologies qu'il leur est donnée d'atteindre pour chaque ère.

Ceci nous ouvre une autre fenêtre de compréhension du rôle des anges auprès des êtres humains. De nos jours, les scientifiques utilisent l'énergie qui irradie des anges sur terre, pour établir leurs connaissances technologiques. En faisant usage de cette énergie angélique, ils atteignent un mode de vie parfait leur permettant d'éduquer, d'aider et de guérir ceux qui sont dans le besoin.

Les gens spirituels considèrent que le pouvoir angélique s''apparente à un chemin menant vers différents buts. Ils utilisent cette capacité en sachant qu'il s'agit d'une faveur spéciale émanant de Dieu. Il leur confie ce qui est noble et sacré, et qui possède la potentialité de gouverner nombre de corps, autres que le leur propre. Cette faculté est perçue comme «le pouvoir angélique à l'intérieur d'eux.» De tels êtres sont connus dans la spiritualité Islamique en tant que *abdal*: «ceux qui ont été changés.» Ils peuvent se déplacer d'un endroit à un autre en l'espace d'un clin d'œil. Ils peuvent également se trouver et résider en plusieurs lieux à la fois, dans la même apparence que celle de leur soi originel. C'est ce qu'on appelle le don d'ubiquité. L'histoire du Soufisme a eu de célèbres *abdal* comme al-Jounayd, Abd al-Qadir Jilani, Jalal al-Din Rumi, Mouhyiddin ibn Arabi, Mansour al-Hallaj.

De tels saints et savants soufis, également connus en tant que gnostiques *(arif, pl. ariun)*, ont confirmé qu'il existait un autre monde entre celui de la matérialité humaine et celui des anges, et l'ont appelé le monde imaginal. Cet univers imaginal est d'une nature plus subtile que l'univers terrestre, et également plus dense que l'univers angélique. Cette caractéristique permet aux *abdal* de voyager à l'intérieur de cette dimension, comme mentionné précédemment.

La méthode utilisée par ces êtres spirituels peut être définie par l'auto-expulsion des pièges inhérents à la gravité. Toute chose aspire à retrouver son origine, et le corps aspire à retrouver la terre, laquelle est maintenue sous l'effet de la gravité. Cependant, l'esprit aspire quant à lui au royaume des cieux, qui le tire vers le haut. Ces *abdal* ont été capables de faire s'équilibrer les éléments opposés, tels que la terre/le ciel, le haut/le bas, à l'intérieur d'eux-mêmes et de telle façon que, l'élément terrestre qui auparavant dominait son opposé se retrouve à son tour dominé, et à la suite de l'élément «supérieur.»

L'intellect domine la conscience au point que certains ont pu dire qu'elle était emprisonnée par l'esprit. Si l'intellect est d'une nature destructive chez une personne, elle utilisera son savoir et la découverte de soi pour nuire, au lieu de guérir. De la même manière, les rayons laser peuvent être employés à détruire ou à guérir, c'est toujours les mêmes rayons qui sont à l'œuvre dans les deux cas. Si l'intellect n'agit pas de manière harmonieuse entre le bien et le mal, alors il exploitera sa connaissance acquise de manière inappropriée. Mais si la conscience domine et joue un rôle plus important, elle finira par dominer l'esprit et veillera à ce qu'il aspire toujours à faire le bien. Cette finalité est meilleure pour l'être et partant pour toute l'humanité, car il sera constamment nourri par le désir de mettre à profit sa connaissance pour aider et servir les autres.

C'est le cas pour le corps qui emprisonne l'esprit: celui qui peut faire l'équilibre entre ces deux pôles en soi-même, pourra être qualifié d'homme sage. Plus loin dans l'avenir si une telle personne peut progresser davantage dans la céleste voie, il peut amener son esprit à dominer son corps et acquérir ainsi les capacités qui le débarrasseront des entraves gravitationnelles. Il pourra dès lors faire en sorte que son esprit puisse mouvoir son corps, et pas seulement le sien mais aussi celui des autres. Un tel esprit se connectant à son pouvoir angélique devient une forme d'énergie et de lumière. Ces entités peuvent déplacer des éléments à une vitesse bien plus grande que l'esprit ne saurait le concevoir.

C'est ainsi que ces gens vertueux, ces saints *abdal*, sont connus pour apparaître à des moments critiques et dans n'importe quel lieu. Ils apportent leur soutien aux peuples et les éduquent. Les apparences ubiques d'une seule personne dans plusieurs endroits à la fois sont comme des images d'un seul et même corps reflétées à travers le miroir du pouvoir angélique. Ce miroir produit des milliers d'images qui se superposent dans le même temps, si ce n'est que ces images sont aussi réelles que l'originale ainsi réfléchie.

Dieu créera un ange appelé al-Natiq, «l'Ange Enonciateur», au moyen de Son propre dhikr (souvenance), à l'endroit de chacun de ce genre de personnes parvenues à la consécration spirituelle. Il est signalé à cet ange d'habiter le cœur des pieux serviteurs de Dieu. Son devoir est d'informer continuellement ce serviteur de ses devoirs et autres obligations toutes les vingt-quatre heures, en dehors des autres commandements connus liés au culte adoratif. Ce relais d'informations établit de plus grandes potentialités pour le saint d'atteindre davantage d'êtres humains avec le pouvoir installé dans son cœur.

De plus, Dieu lui accordera la capacité d'entendre les mouvements de la plus minuscule cellule présente de son corps. L'ange lui parle et lui explique pourquoi Dieu l'a créée, son rôle physique dans le corps, ce qui peut l'empoisonner et ce qui peut la guérir. Et plus encore, il lui dira comment soigner tout mal physiologique, et l'aideront à guérir les autres êtres humains grâce à l'énergie angélique qu'il aura acquise.

Le pouvoir angélique du saint lui permet également de s'entretenir avec chaque cellule de son corps, comme si c'était un tiers qui se tenait en face de lui dans une pièce. Cette capacité lui ouvre une compréhension profonde sur la nature du corps humain dans sa relation au pouvoir angélique: cette nature est plus extraordinaire encore, et plus difficile à sonder, que ne l'est l'univers entier. En effet, chacune de ces cellules est un monde en soi, habité par toutes sortes de laboureurs spirituels infinitésimaux. Leur fonction est d'assurer la survie de cette cellule. Une usine a besoin de tous les types d'outils et de machines, de managers et d'ouvriers pour se maintenir en vie, et pour être protégée des erreurs et du chaos. De la même manière, scientifiquement, la cellule possède son propre système de défense contre l'invasion extérieure, mise en place par les toutes petites équipes angéliques que Dieu a créées à cette intention.

Et plus il devient réceptif à sa capacité d'entendement et de parole interne, plus le saint possède une concentration plus forte et plus précise de l'intégralité de son pouvoir. Il emmagasine alors cette énergie dans son cœur, à l'exclusion de tout autre point focal dans son corps. Ce processus peut être assimilé à celui d'une lumière concentrée qui ne brûle pas lorsqu'elle est dispersée largement sur une surface en papier, mais qui consume ce dernier lorsqu'elle est concentrée en un rayon de lumière à travers le verre d'une loupe. Le saint sera dès lors capable d'envoyer cette lumière angélique réunie hors de son cœur, afin d'atteindre n'importe quel être humain sur terre et n'importe quel être céleste.

L'accumulation continue de ce pouvoir angélique dans le cœur du saint lui permet d'avoir des visions célestes et d'acquérir une connaissance de même nature. Cela perdure jusqu'au jour où une lumière indescriptible apparaît à l'horizon de son cœur. Cet éclat fait s'élargir le cœur à d'infinis degrés. Il fait disparaître les derniers voiles persistants qui l'empêchaient jusque-là de connaître les réalités du monde céleste. Dans le même temps, Dieu ordonne aux anges, chacun conformément à son rang, son devoir, et sa place d'informer la personne vertueuse de trois choses: la raison de sa création, sa place dans le plan divin, et son devoir au sein de la création. Chacun de ces anges ornera successivement le vertueux par ses propres soins. Ils le doteront d'une certaine faveur: à un instant très précis, il sera comme «dilaté» ce qui, dans le langage des exaltés, signifie qu'il sera revêtu d'un subtil corps de lumière, celle-là même qui caractérise les êtres angéliques. Ce corps n'est pas visible des autres êtres humains, toutefois, ils ressentent la lumière qui émane du corps du saint, et y sont attirés comme un aimant attire les autres éléments.

Et, quand cela arrive, le saint ne doit pas se distinguer des autres et prétendre leur être supérieur. Il doit devenir un instrument de ce pouvoir angélique; être fier ou orgueilleux le placerait d'emblée dans la même catégorie que Satan. Et bien que ce dernier posséda un pouvoir angélique, il fut déchu à cause de son arrogance, et le pouvoir lui fut retiré. Le vertueux ne doit utiliser cette faculté angélique que de manière constructive, pour le bonheur et le bénéfice de l'humanité. Il doit agir en ce sens, sans rien attendre en retour de la part de ceux qu'il aide. Les anges ne demandent jamais rien pour eux-mêmes, au contraire: ils le font uniquement pour le bien des êtres humains.

Les enfants ne sont pas touchés par les bas instincts qui dépouillent le cœur de son pouvoir angélique. En réalité, ils ont le même rang que celui des saints, bien qu'ils n'en aient pas conscience, et leurs parents ainsi que leurs familles le sont encore moins. L'enfant qui dit avoir des visions ou se trouver en présence d'apparitions dit la vérité; alors que les parents qui entendent ce genre de récits de la bouche de leur enfant les font passer au crible psychologique, puisqu'ils ne considèrent rien de tout cela comme factuel. «J'ai entendu de la musique», «un ange est venu me voir», «des gens sont ici, et ils disparaissent», «ils m'ont apporté des cadeaux», sont des paroles fréquentes chez les enfants qui disent naturellement ce genre de choses quand la situation se présente. L'enfant ne peut se contrôler ; quant au saint, il garde toutes ces choses secrètes, et ne les expose pas auprès des autres.

Un état intermédiaire de connaissance existe, entre celui des enfants et des saints, que l'on peut appeler «sainteté précoce.» Dans cette station, les gens expérimentent des visions et des visitations, des sons qui peuvent se manifester de façon très rare, ou au contraire très fréquente. Ces évènements peuvent sembler décousus, incohérents ou discontinus, par exemple lorsqu'une personne entend qu'on lui parle dans une langue étrange, ou des mots qu'elle peine à comprendre. La raison en est que ceux qui expérimentent ces réalités n'ont pas atteint l'état de pureté qui leur permettrait de converser aisément avec leur pouvoir angélique. Ils sont comme les enfants : ils ne peuvent s'empêcher de raconter ces expériences aussitôt que cela leur arrive, et de telles façons qu'ils ne les comprennent parfois pas eux-mêmes, ni ceux qui les écoutent.

La joie qui les habite quand ils parlent de ces rencontres angéliques aux autres est similaire à celle d'un enfant qui reçoit des bonbons. Un enfant sera content avec un bonbon, et oubliera le diamant. Pourtant, l'objectif premier est et demeure le diamant. Il est capital que les gens se réorientent constamment vers le but suivant : la connexion constante de leur cœur avec le pouvoir angélique, et à chaque instant de leur existence.

Chaque esprit humain évolue, de l'instant où il fut présent et témoigna devant Dieu au Jour des promesses, à celui de la vie terrestre, puis à celle dans la tombe, jusqu'enfin la vie éternelle. Cette évolution repose sur le changement lui faisant endosser une image après l'autre. L'habit que prend l'esprit au quatrième mois de vie dans l'utérus, est celui qu'il garde jusqu'à la mort. Un autre vêtement est placé sur lui dans la tombe, qui s'altère également. Au final, l'esprit se pare du corps de l'au-delà, lequel se change ensuite en un corps angélique ou céleste lorsqu'il pénètre le règne des anges, comme nous l'avions déjà mentionné en relation avec le verset Coranique suivant:

Entre donc parmi Mes serviteurs. (89:29)

Ce corps céleste sera perpétuellement changeant, sans interruption et pour toujours: d'une vêture excellente à une autre vêture encore plus excellente, selon l'infinie création Divine des degrés du Paradis. Chaque robe du paradis, une fois portée, appelle une nouvelle station. Quand l'être aperçoit ce nouvel état, il souhaite l'obtenir. Il prend alors, par la permission divine, ce nouvel atour dont il se revêt. Et une résurrection éternelle perdure, d'un degré du Paradis à l'autre, *ad infinitum*. Ce phénomène exceptionnel démontre l'extraordinaire étendue du pouvoir créationnel de Dieu.

Avant d'entrer au Paradis, dans chaque moment d'évolution d'une vêture à l'autre, l'individu peut comprendre ce qui l'entoure et le degré dans lequel il se trouve. Il vivra dans cette station même et en fera l'expérience, mais il ne peut saisir le sens inhérent aux autres stations. Un être est virtuellement emprisonné dans le degré où il se trouve et est incapable de visualiser un quelconque autre degré. D'un autre côté, l'individu qui atteint le degré de complétude qui est celui de la sainteté peut comprendre toute chose, de son commencement à sa fin. C'est ce qui différentie l'être ordinaire du saint. Ce dernier a déjà acquis un subtil corps de lumière qui lui permet de voir le passé, le présent et l'avenir en un seul bref instant. De fait, il peut saisir la connaissance des âmes, de l'instant où elles se tenaient en présence divine au jour de leur avènement sur terre, à leur entrée dans la tombe, leur résurrection jusqu'à ce qu'ils se tinrent à nouveau devant Dieu, à leur entrée au Paradis. Cette réalité est exposée dans la tradition prophétique suivante, dans laquelle l'un des Compagnons du Prophète eut à exprimer, sur demande du Messager, un aperçu de sa vision angélique pour ceux qui étaient présents:

Harith ibn Laman a dit: «Un jour où je visitais le Prophète, il me demanda comment j'avais passé ma journée. Je lui répondis:

– Comme un véritable croyant.» Puis, il me demanda quel était l'état de ma foi, et je lui dis: – Je vois le Trône de Dieu, et les gens du Paradis qui se soutiennent mutuellement; et les gens de l'Enfer qui se lamentent. Je vois devant moi huit cieux et sept enfers, aussi clairement que les idolâtres voient leurs idoles. Je peux reconnaître chacun d'entre eux, tout comme le meunier sait distinguer le blé de l'orge. C'est-à-dire, celui qui est destiné au Paradis, et celui qui est destiné à l'Enfer. Quand je regarde devant moi, les gens sont comme des fourmis. Dois-je à présent m'arrêter là ou continuer? – Le Prophète m'enjoignit de ne rien dire de plus.» [Imam Abu Hanifah, al-Fiqh al-Akbar].

En des temps plus récents, un des saints accomplis, dit:

J'ai rencontré un ange. Il se tenait au bord du rivage d'un vaste océan. Je l'ai salué et il me répondit: «*Wa alaykum al-salam wa rahmat Allah.*» Puis l'ange me demanda, en m'appelant par mon nom: «Ô Untel, comment va ton cheikh, le maître des *abdal*?» et il cita son nom. Je lui donnais les bonnes nouvelles de mon cheikh, puis je cherchai à savoir d'où il le connaissait. Il fut surpris par ma requête et me dit: «Crois-tu vraiment que nous ignorons qui il est? Tous ceux qui habitent notre royaume le connaissent et le respectent. Quand Dieu l'a élevé à son rang, Il informa toute Sa création, tous les anges et chaque créature sur terre que cette personne avait atteint le niveau de «Son amour pour lui», et Il a voulu que tout le monde l'aime également. Par conséquent, chaque pierre, chaque arbre, animal, ange et *jinn* aiment cet homme.» Je lui dis: «Il existe des gens sur terre qui veulent le tuer, ils sont jaloux de son pouvoir et de sa connaissance angélique.» L'ange me dit alors: «Cela n'arrivera pas! Nul ne peut tuer celui que Dieu aime et qu'Il a fait s'élever à ce pouvoir angélique.»

«L'ange continua:

Ton maître peut voir et entendre l'apparence de chaque chose créée au sein de cet univers, où rien n'existe que ces réverbérations façonnées. Ils représentent les anges, les êtres humains, et chaque élément, vivant ou sans vie; et tous louent leur Seigneur. Toute la création, sauf les humains qui n'ont pas encore atteint le degré de vision angélique, s'est vue accordée une connaissance lui permettant d'entendre réciproquement les louanges des autres, quel que soit l'orbite, ou l'espace, dans lequel les êtres concernés se déplacent. Tout le monde loue le Seigneur avec ses propres attributs et dans les mots de son langage propre. Dieu accorde à tous la compréhension du langage d'autrui, mais il ne lui permet pas d'en faire usage: chacun utilise son propre langage.»

J'interrompis l'ange et lui dis: «Les éléments inanimés peuvent-ils, eux aussi, comprendre les glorifications des autres êtres?»

«Oui, eux aussi comprennent. Une pierre est inanimée aux yeux des humains, mais c'est une création bel et bien vivante et qui loue Dieu. N'as-tu pas entendu parler de ceux qui ont entendu les pierres louer Dieu en présence du Prophète et de ses Compagnons-vertueux?»

Il continua: «Nous autres anges avons été créés de lumière divine, et nous avons été grandement honorés! Toutefois, nous vous admirons et nous vous plaignons en même temps. Nous vous admirons car vous avez été créés, êtres humains, à l'image de Dieu. N'avez-vous pas entendu la parole du Prophète: – Dieu a créé Adam selon Sa ressemblance? – Pour nous, le sens en est que les êtres humains ont été élevés à un rang où Il les honore en leur permettant de refléter Son image. Cet honneur a élevé l'humanité à un très haut degré. C'est pour cette raison que Dieu dit dans le Saint Coran:

Et très certainement, nous noua avons honores les enfants d'Adam. Et nous les avons procure, sur terre comme sur mer, de quoi monter.
(17:70)

Ces deux corps, terre et océan, représentent ici la connaissance interne et externe.

L'ange continua: un tel honneur est symbolisé chez l'être humain par son visage, et la tête est le centre de gravité par excellence. Ceci car on ne peut dire que le lieu des plus parfaits auquel le terme «ressemblance» fait allusion, dans la création par Dieu des êtres humains, consiste en tel ou tel membre du corps: ceux-ci sont tous semblables chez tous les êtres. Et, dans le même temps, tout le monde a un visage différent, distinct: c'est donc là que réside la ressemblance d'avec Dieu. Pour cette raison, le Prophète réprimanda celui qui avait frappé quelqu'un au visage, et il a interdit cela, même sur les champs de bataille.»

«Quand Dieu veut Se manifester, Il pose un regard sur Sa création. Sa première attention est tournée vers les êtres humains car ils Lui ressemblent. Et parmi eux, ceux qui Lui ressemblent le plus sont les saints; Aussi, le Prophète a dit en parlant d'eux: – «Ils vous rappellent Dieu». – Etant anges, il nous est possible de parler aux prophètes seuls, à l'exception des saints.»

«Et d'un autre côté, nous vous plaignons car vous êtes peu disposés à laisser entrer en vous le pouvoir angélique par lequel il vous est donné d'atteindre la station de la connaissance céleste, qui est votre héritage. De fait, nous vous apparaissons sous forme humaine, dans toute votre diversité et nous nous revêtons de différents degrés de lumière, en différents lieux afin de vous rappeler que vous avez été honorés d'un pouvoir angélique et d'une ressemblance divine. Prenez soin de celle-ci et faites usage de votre faculté angélique! Cela vous élèvera à cette station éclatante sans laquelle Dieu a dit:

Celui que Dieu prive de lumière n'a aucune lumière. (24:40)

Et Il a dit: «*Lumière sur Lumière*!» (24:35) déclarant ainsi que la lumière de la vision du cœur doit être connectée à la lumière du pouvoir angélique, afin que tous les êtres humains soient guidés et que leur soit accordée la victoire. Cette lumière apparaîtra alors au-dessus de l'ensemble du règne humain, comme un soleil levant et une lune montante qui jamais ne disparaîtront. La lumière de ce pouvoir, en ce temps-là, rendra chacun et chacune brillant comme la lune, car un corps céleste leur sera attribué qui reflétera la lumière originelle pour tout le reste de la création. Par cette lumière, ce monde sera préservé, l'amour de la nature dirigera le monde, et tous vivront dans la paix et la félicité, nageant dans les océans de beauté et d'harmonie céleste et angélique.»

L'ange parla ainsi; alors il me salua, de la salutation angélique de paix. Et il s'en alla.

Sources

Principales sources bibliographiques pour «Le Dévoilement des Anges» sont, après le Coran:

- La série des huit ouvrages des Traditions Authentiques.
- al-Suyuti, *al-Haba'ik fi akhbar al-mala'ik*.
- Ibn Kathir, *Qisas al-anbiya*.
- al-Najjar, *Qisas al-anbiya*.
- al-Thalabi, *Qisas al-anbiya*.
- al-Sufuri, *Nuzhat al-majalis wa muntakhab al-nafa'is*.
- al-Dayrini, *Taharat al-qulub wal-khudu li allam al-ghuyub*.
- al-Nabahani, *Jami Karamat al-awliya*.
- al-Isfahani, *Hilyat al-awliya*.
- Ibn Arabi, *al-Futuhat al-Makkiyya*.
- Ibn Arabi, *Tafsir al-Qur'an al-Karim*.
- Manuscrits de Cheikh Sharafuddin al-Daghestani, 38è Grandsheikh de la Chaîne d'Or Naqshbandi, collection privée.
- Manuscrits de Cheikh Abdullah al-Daghestani, 39è Grandsheikh de la Chaîne d'Or Naqshbandi, collection privée.
- Les récits de Nasir al-Din dans le chapitre intitulé «Les Anges de la Miséricorde et de la Colère», sont tirés de la traduction anglaise de William Chittick dans *Faith and Practice of Islam: Three Thirteenth-Century Sufi* Texts (Albany: SUNY Press, 1992) p. 78.

www.ingramcontent.com/pod-product-compliance
Lightning Source LLC
Chambersburg PA
CBHW021141080526
44588CB00008B/168